はじめに

　英語を聴き話す力をつけるためには、基本的文型が理解できるだけでなく、実際に自分で使いこなせる必要があります。その能力をつけるためには、極めて簡単な英作文を口頭で大量に行うことが効果的です。

　しかし、地味なこのトレーニングは、音読、リスニング、読解などの陰に隠れ、一般に見過ごされがちです。結果として、英語習得過程のもっとも初期にケリをつけておくべき、基本文型の操作能力が未完成のままの学習者が非常に多いのです。

　私は、自分自身の英語学習体験から基本文型の使いこなし能力の重要性を確信し、主宰する英語教室では、この力をつける練習を「瞬間英作文トレーニング」と称して生徒さん達に行っていただき、大きな効果を得てきました。教室で使用しているオリジナル教材をベレ出版から発表させていただいたのが、前作『どんどん話すための瞬間英作文トレーニング』です。真摯に英語の学習に取り組む学習者の方々に、『どんどん話すための瞬間英作文トレーニング』が予想もしていなかった支持をいただいたことは望外の喜びでした。

　基本文型を自由に使いこなす能力を、私は便宜的に、「英作文回路」と読んでいます。この回路を一冊のテキストで得ることができる方は少数派です。

　私自身は、20代の半ばに、中学英語レベルの文型集を数冊使い、瞬間英作文回路を完成させました。教室での指導でも、生徒さんが一つのテキストを終えれば、次のテキストに取り組んでいただき、

瞬間英作文回路が完成するまで「おかわり」を繰り返していただきます。

　本書は、前作『どんどん話すための瞬間英作文トレーニング』と同様、教室で実際に使用している素材をCDブック化したものです。この700文のトレーニングが、学習者の皆さんの、瞬間英作文回路の完成のために役立つことを願い、かつ確信しております。

もくじ

おかわり！どんどん話すための瞬間英作文トレーニング

はじめに
① 瞬間英作文トレーニングとは
② 瞬間英作文トレーニングの行い方

Part 1 　中1レベル

① this that these those　34
② 人称代名詞の主格・所有格　36
③ 人称代名詞の目的格・独立所有格　38
④ what　40
⑤ who　42
⑥ 命令文 / Let's ～　44
⑦ whose　46
⑧ where　48
⑨ when　50
⑩ which　52
⑪ it　54
⑫ how　56
⑬ what time　58

⑭ how many [much]　60

⑮ how old [tall etc.]　62

⑯ 疑問詞主語　64

⑰ can　66

⑱ 現在進行形　68

⑲ There is [are]　70

Part 2　中2レベル

① 過去形　74

② 過去進行形　76

③ when 節　78

④ 一般動詞の SVC　80

⑤ SVO＋to [for]　82

⑥ SVOO　84

⑦ will　86

⑧ will（依頼）/shall（申し出・誘い）　88

⑨ be going to　90

⑩ must / may　92

⑪ have to　94

⑫ be able to　96

⑬ 感嘆文　98

⑭ 不定詞―名詞的用法　100

⑮ 不定詞―形容詞的用法　102

⑯ 不定詞―副詞的用法　104

⑰ 動名詞　106

⑱ 原級比較　108

⑲ 比較級―er 形　110

⑳ 最上級―est 形　112

㉑ 比較級―more　114

㉒ 最上級―most　116

㉓ 比較級、最上級を使った疑問詞の文　118

㉔ 現在完了―継続　120

㉕ 現在完了―完了　122

㉖ 現在完了―経験　124

㉗ 現在完了―現在完了進行形　126

㉘ that 節　128

㉙ 受身　130

Part 3 中3レベル

① 従属節を導く接続詞—1　　134
② 従属節を導く接続詞—2　　136
③ 間接疑問文　　138
④ 疑問詞＋to 不定詞　　140
⑤ 形式主語 it　　142
⑥ SVO＋不定詞　　144
⑦ SVOC　　146
⑧ 現在分詞修飾　　148
⑨ 過去分詞修飾　　150
⑩ 関係代名詞・主格（人）　　152
⑪ 関係代名詞・主格（人以外）　　154
⑫ 関係代名詞・目的格（人）　　156
⑬ 関係代名詞・目的格（人以外）　　158
⑭ 関係代名詞　所有格／前置詞を伴う関係代名詞　　160
⑮ 先行詞を含む関係代名詞 what　　162
⑯ too ～ to ／ enough ～ to …　　164
⑰ so ～ that　　166
⑱ 原形不定詞・知覚　　168
⑲ 原形不定詞・使役　　170
⑳ 関係副詞・where　　172
㉑ 関係副詞・when　　174

Extra Part

① 仮定法過去　　178
② 仮定法過去完了　　180
　＊解説　182

❶ 瞬間英作文トレーニングとは

「わかっている」を「できる」にする

　この本を手にとった人は、英語を自由に話せるようになりたいという願望を持っていることでしょう。この願望を叶えるために、それなりに努力もしたかもしれません。英会話学校に通ったり、表現集で会話表現を暗記してみたり。でも、成果は満足できるものではなかったのではないでしょうか。

　英語力の他の側面がかなりのレベルにある人でも、英語を話す能力だけが遅れてしまうことが多いものです。受験勉強などで、抽象的で難解な英文を読み解く能力を身につけていても、簡単な英文さえ、反射的には口から出てこない、あるいは相手が話す英語は大体わかる聴き取り能力はあるのに、自分が話すとなるとうまくいかず、スムーズな会話が成立しないというフラストレーションは私自身が経験したことなのでよく理解できます。

　所詮、英語を話すということは、留学などで長期間、英語圏で暮らさない限り叶わないことと嘆息したくなりますが、諦めるのは早すぎます。発想を変え単純なトレーニングを行いさえすれば、日本を一歩も出なくても、英語を話せるようになります。

　それなりに英語を勉強してきたのに話すことはからきし、という行き詰まりを打破するのに極めて効果的なのが、**瞬間英作文**というトレーニングです。方法は極めて単純で、中学で習う程度の文型で簡単な英文をスピーディーに、大量に声に出して作るというものです。「馬鹿にするな。中学英語なんかもうわかっている」という声が聞こえてきそうです。それでは、ちょっとテストしてみましょう。

あなたは次のような日本語文をばね仕掛けのように即座に口頭で英語に換えられますか？

① 学生の時、私はすべての科目の中で数学が一番好きだった。
② 君はあの先生に叱られたことがある？
③ 昨日僕たちが会った女の人は彼の叔母さんです。

どうでしょうか？瞬間的に口から出すのはなかなか難しいのではないでしょうか？しかし、英語を話せる話せないを分ける分水嶺はこうしたことができるかできないかです。

英文例を挙げておきましょう。

① When I was a student, I liked mathematics (the) best of all the subjects.
② Have you ever been scolded by that teacher?
③ The woman (whom / that) we saw yesterday is his aunt.

英文を見てしまうと「なーんだ」というレベルでしょう。しかし、英文を見ればなんなく理解できるけれど、自分では口頭で即座に作れないという人は、**中学英語が「わかる」から「できる」に移行していない**のです。英語を話せる人というのは、自然な経験を通じてだろうと、意識的な訓練によってだろうと、必ずこうした基本文型の使いこなしをマスターしています。

簡単な英文を楽にたくさん作って英作文回路を作る

　そもそもなぜ多くの学習者は本来単純なこのトレーニング方法を見過ごしてしまうのでしょうか？大きな原因の一つは、英語が学校や受験の科目になっていることです。学課というものは学生の知的能力を伸ばすことが目的ですから、その成果を測るテストはあくまでも知的な理解を確かめるものだけとなりがちです。ですから、自然な言語使用では絶対条件となるスピードを身につけることはおろそかにされ、知的な理解が得られただけで次々により難しいレベルに移って行き、結果として、ネイティブ・スピーカーでも敬遠するような難解な英文を読み解けるのに、簡単な会話さえままならないという悲喜劇が生じることになります。

　英語を言葉として自由に使いこなすという目的から見た非現実さは、100メートルを1分かけて走るのに例えられます。オリンピック選手は100メートルを10秒前後で駆け抜け、小学生でも20秒以内で走ることができます。英語を難解な文法パズルと考えることから脱却して簡単な文をスピーディーに大量に作ってみてください。そうすれば、逃げ水のように捉えがたかった「英語を話せるようになる」という目標は達成されるのです。

　「英文を大量に作るなんてしんどい」という人は、まだ英語を学課としてしか見ない呪縛から解き放たれていません。瞬間英作文は、受験勉強の構文暗記や英作文とは全く違います。学課英語では、基本的な文型に習熟することなく、やたらと複雑な文を覚えようとしますから、いきおい理解・実感の伴わないゴリゴリとした暗記になってしまいます。また大学受験の英作文問題の多くは長大で抽象的な内容で、基本文型の使いこなしさえできないほとんどの受験生にとっては手の届かないレベルです。まるで、大学受験のレベルとは

かくあるべきという出題側の面子で出題されているとさえ思えるものです。受験生の大半は、整然とした英文を書くことなどできませんから、英作文問題は捨てるか、ところどころで部分点を稼ぐことで精一杯です。

　瞬間英作文で行うのは次のような英作文です。

① あれは彼のかばんです。　　　　　→ That is his bag.
② これは彼女の自転車ですか？　　　→ Is this her bicycle?
③ これは君の本ですか？　　　　　　→ Is this your book?
④ あれは彼らの家ではありません。　→ That is not their house.
⑤ これはあなたの部屋ではありませんよ。
　　　　　　　　　　　　　　　　　→ This is not your room.

　引き金となる日本語を見て英語を口にすることは暗記という感じではないでしょう。中学英語が頭に入っている人にとっては文型や語彙のレベルでまったく負荷がかからないし、同じ文法項目が連続的に扱われているからです。
　瞬間英作文トレーニングではまずこのレベルの英文を文型別に作ることを行います。肝心なことはスピード、量です。多くの学習者はわかっているとはいいながら、上に挙げたような文でも口頭で行うとなると、ばね仕掛けから程遠く、とつとつとした口調になってしまいます。トレーニングを続けて、普通に話すペースで次から次へと英文が口から飛び出してくるようにすることが必要です。
　ただ、一旦発想を変え、一定期間トレーニングを行えば、このような**英作文回路**を自分の中に敷設することは大した難事ではありません。今まで見過ごしていたかもしれない瞬間英作文トレーニングに是非取り組んでみてください。あなたの英会話力に革命が起こるに違いありません。

● **ステージ進行**

　瞬間英作文トレーニングは三つのステージに分けられます。各ステージで目的とする能力をしっかりつければトレーニングを効率的に進めて行くことができます。

第1ステージ

　英作文回路の基礎を作る最初のそして最も重要なステージです。このステージの目標は中学レベルの文型で正確にスピーディーに英文を作る能力を身につけることです。素材としては、文法・文型別に瞬間英作文ができるものを使います。語彙や表現に難しいものが一切入っていない、**英文を見てしまえば馬鹿らしいほど易しいもの**を使ってください。多くの人はここで色気を出して、難しい表現や気が利いた表現を散りばめた例文集を使おうとしますが、これが走り出したばかりのところで躓く大きな原因なのです。

when節を練習する例文として、「販売部長の売上報告を聞いた時、社長は即座に次の四半期の戦略を思い描いた」といった例文を使うと、「販売部長」、「売上報告」「四半期」「戦略を思い描く」などという表現を考えたり覚えたりすることでエネルギーを使い、負担がかかってしまいます。これに対し、「彼が外出した時、空は青かった」という程度の例文なら負担がほとんどないので、同じ時間でたくさんの英文を作り出すことができます。そして、英語を自由に話す能力の獲得のためには、簡単な英文をスピーディーに、一つでも多く作った人が勝ちなのです。

　高度で気の利いた表現の獲得は第3ステージで取り組む課題です。そして、第1ステージで基本文型を自由に扱える能力を身につけた人ならば、第3ステージで心置きなく、楽々と英語の表現を拡大していくことができます。

　本書はこの第1ステージ用のトレーニング教材です。

第2ステージ

　第2ステージでも対象は依然として中学レベルの文型です。しかし、このステージでは第1ステージから一歩進んで、文型別トレーニングから、応用力の養成へと移行します。第1ステージでは同じ不定詞だったら不定詞、受動態だったら受動態というように同じ文型ごとに行っていた瞬間英作文トレーニングを、ばらばらの順番で、あるいは複数の文型が結合した形で行います。第1ステージは同じ文型が並んでいますから、言わば直線コースをまっしぐらに走るようなもので、スピードをつけるのに最適です。
　第2ステージでは、文型の転換や結合が目まぐるしく起こるので、

まっすぐ走った直後にさっと曲がったり、反転したりと変化の多いコースを走るのに似て、実際に英語を話す時に必要な応用力や反射神経を磨くことができます。

　素材としては英文が文型別に並んでおらず、トランプを切るようにばらばらにシャッフルして配置されたものを使用します。ただ、市販の文型集・例文集はほとんどが文法・文型ごとに文が並んでいます。でも、心配することはありません。本来文型集・例文集として作られてはいないものの、シャッフル文例集として使えるものがたくさんあるからです。中学英語テキストのガイドや高校入試用英語長文集がそれです。これらは内容が会話や物語の体裁になっているので同じ文型が連続して並んでいることがなく、自然のシャッフル教材として使えます。瞬間英作文トレーニングではこれらを使い、日本語訳から逆に英文を再生するのです。

　特に高校入試用英語長文集は優れモノです。教科書ガイドよりはるかに英文の量が多い上、ガイドが2000円前後と値が張るのに対し非常に廉価です。次々と異なる文型が現れ、文章も長いので非常に力のつく素材です。最初はかなり歯ごたえを感じるでしょうが、文型・語彙・表現はすべて中学レベルなので、記憶力に負担がかかるものではありません。
　もちろん個人差はありますが、数冊消化してしまうと、このレベルの英文なら初見でもすらすら英文が出てくるようになります。ここに至れば第2ステージも完成です。英語を話すために必要な英作文回路があなたの中にしっかりと設置されています。

第3ステージ

　いよいよ最終段階の第3ステージです。このステージでは第2ステージまではめていた中学文型の枠をはずし、あらゆる文型・表現を習得していきます。とはいっても、中学文型の使いこなしをマスターした後では、かつては難しく感じた構文も実はさしたることはないことを実感できるでしょう。高校以降で習ういわゆる難構文も実は中学文型を結合したり、ほんの少し付け足しをしたにすぎないからです。

　また、英語の文型というのは無限にあるものではないので、文型の習得というのはほどなく終わってしまいます。これに対して、語彙・表現というのは数に限りがありません。母語の日本語でさえ、すべての表現を知り尽くすのは不可能です。

　表現の豊かさは、年齢や読書量や教養によって大きく異なります。つまり、第3ステージには終了ということがないのです。英語を使う目的や目標レベルに合わせ、どれだけ続けていくかは自己判断に委ねられます。

　第2ステージまでで英作文回路が完成していますから、新しい語彙・表現をストックしていくことは快適な作業です。対象となる表現が盛られている英文を唱えることはいともたやすいからです。多くの人は英語の勉強とは単語や表現を暗記することだと勘違いして、英作文回路がないのに単語集や表現集の類に取りかかってしまいます。第1ステージ、第2ステージを飛ばして、いきなり第3ステージから始めてしまうわけです。当然、結果は芳しくないものとなります。例文を口にしようとしても、基本的な英文を自由に操作できる体質がありませんから、ゴリゴリした辛い暗記になってしまいます。苦労していくつかの表現を覚えてもそれを差し込むべき文が素早く作れないので、せっかく覚えた表現も記憶の倉庫で埃をかぶり、

やがて蒸発してしまいます。

　本書で勧めるように、各ステージをしっかり踏んでいけば、このようなループを脱し、無理なく着実に英語を話す力を身につけることができます。第3ステージに足を踏み入れ、しばらくトレーニングを続けた時点で、英語を外国語として十分に使いこなせるようになっているでしょう。第3ステージはいわば収穫のステージと言えます。しかし、豊かな収穫を得るためには、第1ステージでしっかりと土を耕し、種を蒔いておくことが必要です。

　本書でこのもっとも重要な第1ステージのトレーニングを開始してみてください。

短文暗唱＝瞬間英作文トレーニングのステージ進行まとめ表

第1ステージ
中学英語の範囲内で平易な文が文型別に確実にスムーズに作れるようにする。
単語・表現に難しいものが一切ないばからしい程容易な文例集を使用。

英作文回路の基礎工事！この本は第1ステージのトレーニングテキストだよ！

第2ステージ
中学英語の文型の瞬間的な引き出し、結合が自由にできるようにする。
反射的に英文を作る回路の設置完了。
例文が、文法・文型別に並んでいないパターン・シャフルされたもの、あるいは文型が結合された文例集を使用。

英作文回路完成だね！

第3ステージ
さまざまな文型・構文・表現を駆使できるようにする。
第2ステージ終了までに獲得した回路を利用し、中学英語の枠を越えたさまざまな文例集・構文集を用い、あらゆる構文、文型、表現を習得していく。

第2ステージまでで身につけた英作文回路を使い、表現の幅を拡げていくよ。

❷ 瞬間英作文トレーニングの行い方

●サイクル回しによる各パートの完成

　練習パートは3部に分かれています。part 1を仕上げてからpart 2に移り、part 2を仕上げてpart 3に進むというように、必ずパートごとに完成してください。一つのパートの完成は、日本文を即座に滑らかな英文に変える瞬間英作文がパート全体を通してできるようになることが条件です。

　これは、科目としての英語で行っていた暗唱とはまったく異なるスピードです。あなたが手に入れたいのは英語を自由に話す能力ですから、今までのペーパーテスト用ののろのろゴツゴツしたペースは忘れてください。パートの全文が英語を自然に話すペースで瞬間英作文できるようにしてください。

　このようなスピード・滑らかさを目的とする場合、もっとも有効なのがサイクル法です。これは一つのテキストを一回で覚えこもうとせず、軽めに何度も漆塗りをするように繰り返し、自然に長期記憶として刷り込んでいく手法です。定期テストや受験科目としての英語ではテストが終わればすぐに忘れてしまう短期記憶や、せいぜい中期記憶でも間に合っていたかもしれませんが、自然に英語を使いこなすために必要なのは長期記憶です。

　自分や家族、友人の名前、自宅の電話番号などは長期記憶として保存されていて半永久的に忘れることがありません。これらと同じく自由に使いこなせる言語の文法・文型構造、語彙などは長期記憶されていて、車の運転やスポーツでの動きなどのように瞬間的な反応となっています。このような記憶、動きはゴリゴリとした一回限

りの意識的な暗記ではなく、際限ない繰り返しによってそれと知らぬ間に獲得されたはずです。

このような自然な刷り込みを行うのに最適なのが、サイクル法です。

「何度も繰り返す」という表現に抵抗を感じサイクル法を敬遠する必要はありません。「何度も」繰り返すといっても、各サイクルにかかるストレスは一回で遮二無二覚えこもうとするゴリゴリ暗記とは比べ物にならないくらい軽いものですし、サイクル数が増すにつれどんどん速く楽になっていくからです。

本書の瞬間英作文トレーニングでは発想の転換を行い、楽で速く、効き目が半永久的な、いいことずくめのサイクル法の効果を是非味わってみてください。

サイクル法でスムーズに学習

●セグメント分割

　全体の瞬間英作文を完成させるためには、テキストをいくつかの部分に分けて（セグメント分割）、セグメントごとにサイクル法で仕上げていくのが効率的です。一定時間内のサイクル数が増し、刷り込みが起こりやすくなるからです。セグメント分割の仕方は自分のやりやすいように行って結構です。本書の各パートなら、3〜5つのセグメントに分割するのが適切でしょう。

　セグメントを一つ一つ完成した後、最後にパート全体を通してサイクル回しを行います。ただ、セグメントごとの瞬間英作文が完成していれば、全体を通しての仕上げはさしたることではありません。功を焦りいきなりパート全体をサイクル回しするより、かかる時間と労力は少なくてすみます。

●トレーニングの実際の手順

　それでは、サイクル法によるトレーニングの実際の手順です。Part 2 の中学 2 年レベルを使って説明します。全体は 29 文型で構成されていますが、ここでは 11〜12 文型ずつ、三つのセグメントに分割します。

第 1 サイクル

① **日本文を見て英作文**
　英作文は口頭で素早く行ってください。すぐに英文が出てこない時は、考え込まず、すぐに答えの英文を見てしまってください。数学の問題やパズルと違い長考は禁物。英文を出すまで一文あたり 10 秒前後を限度にしてください。一文をのろのろと、時間をかけて英作文するのではなく、①〜④までのステップをスピーディーに流れるように行うのが上達の秘訣です。

② **英文を見て答え合わせ**
　答えの英文を見て自分の作った英文と比べて答え合わせです。英文がすぐに出てこないなら、「どんな英文になるのかな？」という問題意識を持って、構わず答えを見てしまいます。このトレーニングではカンニングは大いに奨励です。ただ、答えの英文を見た時に、「ああ、なるほど」という納得感があることが条件です。

例えば、まったく学習したことがない外国語の場合、どれほど簡単な文だろうと理解ができません。そうすると、日本文とそれに対するその外国語の文の間にある文法・語彙的な関連がわからないわけですから、たとえカタカナや発音記号を振って暗唱しても無意味です。これは理解を伴わない純粋な暗記です。瞬間英作文はすでに頭ではわかっている英語を使えるようにするトレーニングですから、答えの英文を見て合点が行かない場合は、瞬間英作文トレーニングは時期尚早で、それ以前に勉強をしなおす必要があります。

　また、簡単に英文が出てきた場合でも、答え合わせは必ず行ってください。かなり力のある人でも、とっさに口頭で英作文をすると、主語と動詞の数合わせや、時制、三単現のsなど細かい間違いを起こしやすいのです。こうした間違いを放置して強引にトレーニングを続けると間違いが取り除き難い癖になりかねません。

③ 英文を口に落ち着ける
　瞬間英文トレーニングのもっとも大切なステップですが、多くの学習者が最もおろそかにしていることでもあります。

　学課としての英語は、理解することが目的でテストなどもあくまでそれを測るものなので、ほとんどの人は②までのステップですませてしまいます。また、ペーパーテストならこの程度の学習でもなんとかなるかもしれません。しかし実用に足る英語力は決して身につきません。英語を話すことを身につけるためには、必ず英文を何回か繰り返し口に落ち着ける作業を行います。

作業は実に単純です。まず、英文を見ながら、何度か声に出して音読します。いきなり目を離して暗唱しようとすると、滑らかさの無いゴツゴツとした口調になってしまいます。必ず英文を見ながら、自然に話す口調で読み上げてください。この時、単なる音になってしまわないように文構造や意味を理解しながら音読します。

　英文が口に落ち着いたと思ったら、今度はテキストから目を離し、英文を諳(そら)んじます。その際も文構造・意味をしっかり感じ、また、実際にその英文を自分で言っているような発話実感を込めて暗唱してください。

　繰り返すと言っても、英文を見ながらの音読と目を離しての暗唱を合わせても、それほど大変な回数にはならないでしょう。あくまで口に落ち着けるのに必要な回数です。1の①「彼はその時幸福だった」というような単純な文と、3のwhen節を含む複文では、当然回数は異なってくるでしょう。いずれにしても、その場で口に落ち着けば十分ですから、何十回と繰り返す必要はありません。

④ 英作文の流し
　最後に10の日本文を連続して、一回ずつ英作文してみます。サイクル回しを重ねパートが完成した時には、流れるように瞬間英作文が連続してできるようになっていますが、1サイクル目では①〜③のステップを踏んだ後ではなかなかそうは行かないでしょう。気にすることはありません。ここでは、完成した状態との距離を測っておけばいいのです。特につかえる文や口に落ち着きにくいフレーズなどを補強練習しておくといいでしょう。

文章にすると悠長な感じがしますが、実際には①〜④のステップをスムーズに連続して行います。

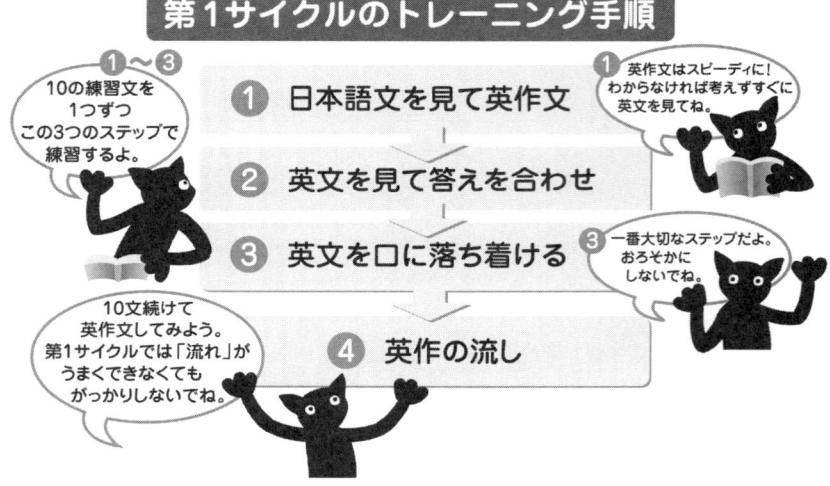

第2サイクル以降

第2サイクル以降はすべて同じステップです。

① 英作文の流し

第1サイクルでは最後のステップだった「英作文の流し」を最初に行います。すらすらと流れなくても一向に構いません。あくまでも完成状態との開きを測定するためのステップです。

② 英文を口に落ち着ける

　英文を見ながら数回音読し、馴染んだところで目を上げて暗唱する第1サイクルの③、④のステップを行います。文構造・意味の理解、発話実感を伴いながら行ってください。

　第2サイクル以降、この二つのステップを繰り返していくと刷り込みが進み、英文を口に落ち着けることがどんどん容易になっていきます。やがて、①の「英作文の流し」がスムーズにできるようになります。そうなると②のステップを踏む必要がなくなります。その際さらりと一回流しただけでは負荷が軽すぎ、刷り込みが十分に起こらないので、二、三回「英作文の流し」を行ってください。

　瞬間英作文トレーニングに慣れてくると、5～6サイクル目にこの「英作文の流し」ができるようになってきます。しかし、ここでサイクル回しをぱたっとやめてしまうのは、長期記憶を起こすのには不十分です。楽々と「英作文の流し」ができるようになった後、あと4～5サイクル「英作文の流し」だけを数回行うことを何回か回してください。これを「**熟成サイクル回し**」と言います。楽になった状態で楽に数サイクル回しを行うことで初めて、文型や語彙が長期記憶倉庫へと移され保存されるのです。生真面目な人はすでにできることをなんの苦労もなしに行うことに半ば良心の呵責を感じたりしますが、そうしたストイシズムは不要です。これは上達のために必要不可欠なプロセスなのです。

第2サイクル以降のトレーニング手順

① 英作の流し＝完成状態との差をチェック

② 英文を口に落ち着ける

> 第2サイクル以降は2ステップだけでずっとシンプルになるよ。

「英作の流し」ができるようになってしまったら…

熟成サイクル回し

> 「英作の流し」を数サイクル快適に行って仕上げるよ！

　以上のような流れに従い、一つのセグメントを完成したら、次のセグメントに移り同じ方法で完成します。こうしてすべてのセグメントを終了したらパート全体をサイクル法で完成します。これは各セグメントの第2サイクル以降の「英作文の流し」→「英文を口に落ち着ける」の手順で行います。こうしてパート全体の英作文が立て板に水のごとくできるようになったらめでたくそのパートの終了です。

Part2（中2レベル）を3セグメントに分割して、サイクル法で完成した例

第1セグメント	第2セグメント	第3セグメント	Part全体完成
❶〜⓬	⓭〜㉓	㉔〜㉞	
サイクル法でトレーニング完成	サイクル法でトレーニング完成	サイクル法でトレーニング完成	

> 各セグメントを完成した後ではPart全体は簡単に仕上がるよ！

CDの使い方

　本書にはCDがついています。是非CDを使ったトレーニングも行い、より大きな成果をあげてください。

　日本語文と対応する英文の間にポーズが入っているので、その間に英文を言う練習をします。日本語音声に反応して英文を即座に作っていくトレーニングは、視覚的に文字から英文を作っていくのとは異なる刺激を与えてくれます。

　ただ、決まった長さのポーズの間に英文を言うことはなかなか難しいですし、トレーニングの序盤からCDを使ったトレーニングを行うと、単に歌詞を覚えるように音だけを機械的に記憶してしまうことがあります。

　この危険を避けるために、トレーニング序盤では、CDの使用は発音やイントネーションなどを確かめる程度にとどめ、音に頼らず日本語から英文を作る作業を数サイクル行い、文型の操作感がしっかりつかめてから、本格的にCDを使い日本語音声に反応して英文を作り出すトレーニングを行うのが良いでしょう。

　具体的には、数サイクル目からは、途中の仕上がりを確かめる「英作の流し」にCDを使うと良いでしょう。始めはなかなかポーズの間に反応できなかったり、英文が収まりきらないでしょうが、サイクル数が増し、仕上がりが進むにつれ作業は容易になっていきます。
　仕上がってからの「熟成回し」にはCDを使ったトレーニングがもっとも有効です。本を見ながらの視覚的な引き金とCDによる聴覚的引き金の両方に対する瞬間英作文ができるようになれば、そのセグメント、パートが完成したといえます。

本書のトレーニングの仕方

> 文型ごとにトレーニングします

> 英文を作り出すための「引き金」として日本文を使います。考え込まず、スピーディーに英作文します。

> テキストを見ながらの文字によるトレーニングと併行して、CDを使って耳からのトレーニングを行います。日本文を聴いてポーズの間に即座に英語にしてください。

1　this that these those　DISK 1 TRACK 01

① これはお寺です。

② あれもお寺ですか？ — いいえ、ちがいます。神社です。

③ このコーヒーはおいしい。

④ あの男性はこの町に住んでいます。

⑤ これらは私の車です。

⑥ あれらは英語の本ですか？ — はい、そうです。

⑦ あなたがこの犬たちの世話をしているのですか？
— はい、そうです。

⑧ これはとても有名な本です。

⑨ あの映画はあまり面白くありません。

⑩ あの少女たちはこの学校で勉強しているのですか？
— いいえ、違います。

【使用語句】①寺　temple　②神社　shrine　③美味しい　tasty　⑦世話をする　take care of
⑧有名な　famous

ワンポイントアドバイス

代名詞及び指示形容詞の this、that、these、those の使い分けの練習をします。頭ではわかっていても、瞬間的に反応しようとすると、混同したりしますので、練

> 頭では良くわかっている文法・文型でも、実際に英文を作ってみるとさまざまなミスをしてしまうもの。学習者がおかしやすい間違いや気をつけるべき点を中心に簡潔なアドバイスをします。

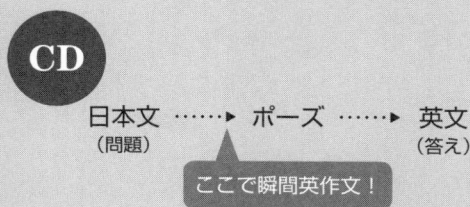

日本文 ……▶ ポーズ ……▶ 英文
（問題）　　　　　　　　　　（答え）

ここで瞬間英作文！

「引き金」の日本文に対する英文です。理解・納得するだけでなく、「英作文回路」を作るために必ず口に落ちつけます。

① This is a temple.

② Is that a temple, too? — No, it isn't. It's a shrine.

③ This coffee is tasty.

④ That man lives in this town.

⑤ These are my cars.

⑥ Are those English books? — Yes, they are.

⑦ Do you take care of these dogs?
— Yes, I do.

⑧ This is a very famous book.

⑨ That movie is not very interesting.

⑩ Do those girls study in this school?
— No, they don't.

習によって正確に使い分けられるようにしましょう。また、be 動詞、一般動詞の使い分けにも注意しましょう。

Part 1

★本書のトレーニングは、中学レベルの文法・文型を既に理解していることを前提にしています。各文法・文型項目についての細かな解説・説明はありません。

Part 1
中1レベル

1 this that these those

① これはお寺です。

② あれもお寺ですか？― いいえ、ちがいます。神社です。

③ このコーヒーはおいしい。

④ あの男性はこの町に住んでいます。

⑤ これらは私の車です。

⑥ あれらは英語の本ですか？― はい、そうです。

⑦ あなたがこの犬たちの世話をしているのですか？
― はい、そうです。

⑧ これはとても有名な本です。

⑨ あの映画はあまり面白くありません。

⑩ あの少女たちはこの学校で勉強しているのですか？
― いいえ、違います。

【使用語句】① 寺　temple　② 神社　shrine　③ 美味しい　tasty　⑦ 世話をする　take care of
⑧ 有名な　famous

ワンポイントアドバイス

代名詞及び指示形容詞の this、that、these、those の使い分けの練習をします。頭ではわかっていても、瞬間的に反応しようとすると、混同したりしますので、練

① This is a temple.

② Is that a temple, too? — No, it isn't. It's a shrine.

③ This coffee is tasty.

④ That man lives in this town.

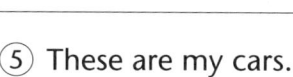

⑤ These are my cars.

⑥ Are those English books? — Yes, they are.

⑦ Do you take care of these dogs?
 — Yes, I do.

⑧ This is a very famous book.

⑨ That movie is not very interesting.

⑩ Do those girls study in this school?
 — No, they don't.

習によって正確に使い分けられるようにしましょう。また、be 動詞、一般動詞の使い分けにも注意しましょう。

2 人称代名詞の主格・所有格

① 私はあなたのお兄さんを知っています。

② あなたは弁護士ですか？ ― いいえ、違います。

③ 彼女は私の先生ではありません。

④ 彼は家を2軒持っています。

⑤ 我々は自分たちの（我々の）町を愛しています。

⑥ あなた方はここで働いているのですか？ ― はい、そうです。

⑦ 彼らは彼の生徒たちです。

⑧ あなたは彼女の名前を知っていますか？
― いえ、知りません。

⑨ あれが彼らの部屋（1つ）です。

⑩ あれらはあなた方の車ですか？

【使用語句】② 弁護士　lawyer

ワンポイントアドバイス

　人称代名詞の主格と所有格の使い分け練習。初心者には、he と she を常に取り違えるなど、基本的なことでも、間違えが「癖」になっている人が少なからずいますから練習で区別できるようにしましょう。

① I know your brother.

② Are you a lawyer? — No, I'm not.

③ She isn't my teacher.

④ He has two houses.

⑤ We love our town.

⑥ Do you work here? — Yes, we do.

⑦ They are his students.

⑧ Do you know her name?
— No, I don't.

⑨ That is their room.

⑩ Are those your cars?

3 人称代名詞の目的格・独立所有格

DISK 1 TRACK 03

① 僕のこと好き？ — ええ、大好きよ。

② 彼は彼女にとても親切です。

③ あなたは彼によく会うのですか？ — いいえ、会いません。

④ エミリーは彼らがあまり好きではありません。

⑤ あの先生は僕たちにとても厳しいです。

⑥ この本は私のです。

⑦ あのかばんはあなたのですか？

⑧ あの自転車は彼のですか、それとも彼女のですか？

⑨ そのお金は私たちのものです。

⑩ あれらのりんごはあなた方のですか、それとも彼らのですか？

【使用語句】⑤ 厳しい　strict

ワンポイントアドバイス

　目的格、独立所有格の練習。I-my-me-mine と代名詞の格変化をなぞらなくても、さっと使えるように文の中で覚えてしまいましょう。

① Do you like me? — Yes, I like you a lot.

② He is very kind to her.

③ Do you often see him? — No, I don't.

④ Emily doesn't like them very much.

⑤ That teacher is very strict with us.

⑥ This book is mine.

⑦ Is that bag yours?

⑧ Is that bicycle his or hers?

⑨ The money is ours.

⑩ Are those apples yours or theirs?

4 what

① あれは何ですか？ — 図書館です。

② これは何ですか？ — 映画雑誌です。

③ これらは何ですか？ — 消しゴムです。

④ あれらは何ですか？

⑤ 彼は放課後何をしますか？

⑥ ナンシーは何色が好きですか？

⑦ これは何の花ですか？ — 百合です。

⑧ あなたの奥さんはどんな食べ物が好きですか？
— 中華料理が好きです。

⑨ あの言葉の意味は何ですか？

⑩ あなたのご主人は朝食に何を食べますか？

【使用語句】② 映画雑誌　movie magazine　③ 消しゴム　eraser　⑤ 放課後　after school
⑦ 百合　lily　⑧ 中華料理　Chinese food　⑩ ご主人＝夫　husband

ワンポイントアドバイス

　疑問詞 what の疑問文。「〜はなんですか？」「〜は何をしますか？」という文では、be 動詞と一般動詞を正しく使い分けてください。「なんの（どんな）〜」と

① What is that? — It's a library.

② What is this? — It's a movie magazine.

③ What are these? — They are erasers.

④ What are those?

⑤ What does he do after school?

⑥ What color does Nancy like?

⑦ What flower is this? — It's a lily.

⑧ What kind of food does your wife like?
 — She likes Chinese food.

⑨ What is the meaning of that word?

⑩ What does your husband have for breakfast?

いう時は what ＋名詞となります。⑥のような文で、What does Nancy like color? と切り離さないように注意しましょう。

5 who

① 彼は誰ですか？ ― 僕の友だちです。

② 彼女は誰ですか？ ― ナンシーのお姉さんです。

③ 彼らは誰ですか？ ― 彼のいとこたちです。

④ あの男の人は誰ですか？ ― メアリーのお父さんです。

⑤ あの少女は誰ですか？ ―（あれは）エミリーです。

⑥ あの少年は誰ですか？ ― 僕の弟です。

⑦ あの男性たちは誰ですか？ ― この学校の先生たちです。

⑧ あの女性たちは誰ですか？
― 私の母と姉です。

⑨ この写真の中の男性は誰ですか？
― 彼女のお祖父さんです。

⑩ あの美しい女性たちは誰ですか？
― ブラウンさんのお嬢さんたちです。

【使用語句】③いとこ　cousin　⑩お嬢さん＝娘　daughter

ワンポイントアドバイス

whoを使って、「～は誰ですか？」という疑問文の練習です。主語の数とbe動詞の形（is、are）を一致させてください。指示形容詞もおさらいです。

① Who is he? — He is a friend of mine.

② Who is she? — She is Nancy's sister.

③ Who are they? — They are his cousins.

④ Who is that man? — He is Mary's father.

⑤ Who is that girl? — That is Emily.

⑥ Who is that boy? — He is my brother.

⑦ Who are those men? — They are teachers at [of] this school.

⑧ Who are those women?
— They are my mother and my sister.

⑨ Who is the man in this picture?
— He is her grandfather.

⑩ Who are those beautiful women?
— They are Mr. Brown's daughters.

あぁ〜
ブラウンさんの
お嬢さん

6 命令文 / Let's 〜

① すぐ起きなさい。

② 明日の朝彼女に電話しなさい。

③ 恥ずかしがらないで。

④ あなたのおもちゃを片付けなさい。

⑤ 遅刻しなさんな。

⑥ 女の子には優しくしなさい。

⑦ 車に乗ろう。

⑧ このレストランで夕食を食べよう。

⑨ 今夜は楽しもう。

⑩ 電車で行こうよ。

【使用語句】③ 恥ずかしがり屋の　shy　④ おもちゃ　toy　⑥ 優しくする　be kind
⑨ 楽しむ　have fun

😺 ワンポイントアドバイス

　命令文と、let's 〜 の文では、動詞の原形を用います。かなり読解力などがあって
も、Call him at once. を「彼に電話する」と、平叙文として受け取ってしまう人

① Get up at once.

② Call her tomorrow morning.

③ Don't be shy.

④ Put away your toys.

⑤ Don't be late.

⑥ Be kind to girls.

⑦ Let's get in the car.

⑧ Let's have dinner at this restaurant.

⑨ Let's have fun tonight.

⑩ Let's go by train.

がかなりいます。命令文に感覚的に反応できるようにしましょう。

7 whose

① これは誰の家ですか？ ― カーターさんの家です。

② あれは誰の傘ですか？ ― 私のです。

③ この辞書は誰のですか？ ― トムのです。

④ あのコンピュータは誰のですか？ ― エレンのです。

⑤ これは誰の靴ですか？ ― 彼女のです。

⑥ あの大きな車は誰のですか？ ― 私たちのです。

⑦ これは誰の席ですか？ ― あなたのですよ。

⑧ あれらは誰のカメラですか？ ― 僕の父のです。

⑨ あの指輪は誰のですか？ ― ルーシーのです。

⑩ あれらのおもちゃは誰のですか？ ― 私の息子のです。

【使用語句】②傘 umbrella ⑨指輪 ring

ワンポイントアドバイス

間違って、who を使わないように。また、Whose is [are] ～? と Whose ＋名詞 is [are] の両パターンを使えるようにしましょう。

① Whose house is this? — It's Mr. Carter's house.

② Whose umbrella is that? — It's mine.

③ Whose is this dictionary? — It's Tom's.

④ Whose is that computer? — It's Ellen's.

⑤ Whose shoes are these? — They are hers.

⑥ Whose is that big car? — It's ours.

⑦ Whose seat is this? — It's yours.

⑧ Whose cameras are those? — They are my father's.

⑨ Whose is that ring? — It's Lucy's.

⑩ Whose are those toys? — They are my son's.

8 where

① 私の車はどこですか？

② あなたの奥さんはどこですか？

③ トムはどこに住んでいますか？

④ 彼らはどこで昼食を食べますか？

⑤ 彼は毎日どこに行くのですか？

⑥ あの少年たちはどこで野球をしますか？

⑦ あなたの御主人は毎朝どこでジョギングをしますか？

⑧ あなたのお嬢さんはどこにいますか？ ― パリにいます。

⑨ あなたはどちらのご出身ですか？ ― 東京です。

⑩ あなたの御両親はどちらのご出身ですか？
― 大阪です。

【使用語句】⑦ ジョギングをする　jog

ワンポイントアドバイス

8、9 では where と when を用い、場所及び時を問う英文の練習です。be 動詞と一般動詞を混同せず、使い分けてください。

ここでランチにしよう！

① Where is my car?

② Where is your wife?

③ Where does Tom live?

④ Where do they have lunch?

⑤ Where does he go every day?

⑥ Where do those boys play baseball?

⑦ Where does your husband jog every morning?

⑧ Where is your daughter? — She is in Paris.

⑨ Where are you from? — I'm from Tokyo.

⑩ Where do your parents come from?
　— They come from Osaka.

　　　トムはどこに住んでいますか？
　　　　→誤　Where is Tom live?
　　　　　正　Where does Tom live?

9 when

① あなたの誕生日はいつですか？

② あなたの奥さんの誕生日はいつですか？

③ ジョンはいつ宿題をしますか？

④ トムはいつ彼らに会うのですか？

⑤ 打合せはいつですか？

⑥ 君の妹はいつピアノの練習をするの？

⑦ あの子供たちはいつ勉強しますか？

⑧ そのお祭りはいつですか？

⑨ 彼女はいつ両親に電話しますか？

⑩ 彼女はいつ詩を書くのですか？

【使用語句】③ 宿題をする　do one's homework　⑤ 打合せ　meeting
⑥ 練習をする　practice　⑧ 祭り　festival　⑩ 詩　poem

ワンポイントアドバイス

8、9では where と when を用い、場所及び時を問う英文の練習です。be 動詞と一般動詞を混同せず、使い分けてください。

① When is your birthday?

② When is your wife's birthday?

③ When does John do his homework?

④ When does Tom see them?

⑤ When is the meeting?

⑥ When does your sister practice the piano?

⑦ When do those children study?

⑧ When is the festival?

⑨ When does she call her parents?

⑩ When does she write poems?

君の妹はいつピアノの練習をするの？
→誤　When is your sister practice the piano?
　正　When does your sister practice the piano?

Part 1

10 which

① どちらがあなたの車ですか？

② どの自転車が彼のですか？

③ どちらが彼女のかばんですか、こちらですかそれともあちらですか？

④ ピーターはどのコンピュータを使いますか？
　― これを使います。

⑤ どれがナンシーの家ですか？

⑥ どちらの犬が彼のですか？

⑦ どちらの辞書があなたのですか、こちらですかそれともあちらですか？

⑧ どのギターをトムは弾きますか？
　― あの古いのを弾きます

⑨ どの問題が難しいですか？

⑩ どの本があなたは欲しいですか？

【使用語句】⑧ ギター　guitar　⑨ 問題　problem

ワンポイントアドバイス

whichを単独で使うパターン（どれ＝which）と、which＋名詞（どの〜）の両パターンを使えるようにしましょう。

① Which is your car?

② Which bicycle is his?

③ Which is her bag, this one or that one?

④ Which computer does Peter use?
— He uses this one.

⑤ Which is Nancy's house?

⑥ Which dog is his?

⑦ Which dictionary is yours, this one or that one?

⑧ Which guitar does Tom play?
— He plays that old one.

⑨ Which problem is difficult?

⑩ Which book do you want?

11 it

① きょうは曇りです。

② そちらでは晴れていますか？

③ きょうは日曜です。

④ きょうは暑いですか？

⑤ きょう東京はあまり寒くありません。

⑥ 今ブラジルは冬です。

⑦ 部屋の中は暖かいですか？ ― いえ、暖かくありません。

⑧ 今ニューヨークは夜の8時です。

⑨ ここは暗すぎる。

⑩ 横浜では曇っているのですか？ ― はい、そうです。

【使用語句】① 曇りの　cloudy　② 晴れている　sunny　⑥ ブラジル　Brazil　⑨ 暗い　dark

ワンポイントアドバイス

漠然としたものが主体で日本語ではあえて主語を立てない場合でも、英語ではitを主語として用います。時間、天候、寒暖、明暗などを言い表す際に使われます。

① It is cloudy today.

② Is it sunny over there?

③ It is Sunday today.

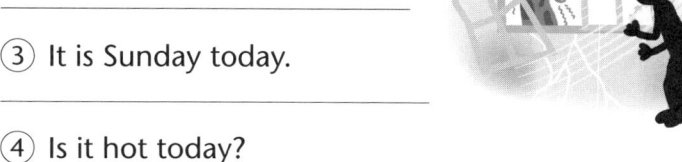

④ Is it hot today?

⑤ It's not very cold in Tokyo today.

⑥ It is winter in Brazil now.

⑦ Is it warm in the room? — No, it isn't.

⑧ It's eight o'clock in the evening in New York now.

⑨ It's too dark here.

⑩ Is it cloudy in Yokohama? — Yes, it is.

12 how

① あなたのご両親はいかがですか？

② あなたのご主人はどうやって仕事に行きますか？

③ どうやってこの箱を開けるの？

④ 東京の天気はどうですか？— 晴れています。

⑤ 君はどうやって学校に行くの？— 自転車で行くよ。

⑥ この機械はどう使いますか？

⑦ 彼らはどのように日本語を勉強しますか？

⑧ この薬はどんなふうに効きますか？

⑨ ドイツ語では"Thank you"をどういいますか？

⑩ 鳥はどうやって巣を作るのですか？

【使用語句】④ 天気　weather　⑥ 機械　machine　⑧ 薬　medicine　効く　work
⑩ 巣　nest

ワンポイントアドバイス

how ～ という表現を機械的に覚えて、how の根本の意味と用法を忘れていませんか？「どのように」と、状態、方法を問う時に使います。

① How are your parents?

② How does your husband go to work?

③ How do I open this box?

④ How is the weather in Tokyo? — It's sunny.

⑤ How do you go to school? — I go by bicycle.

⑥ How do you use this machine?

⑦ How do they study Japanese?

⑧ How does this medicine work?

⑨ How do you say "Thank you." in German?

⑩ How do birds make their nests?

13 what time

① パリは今何時ですか？

② あなたは毎朝何時に起きますか？

③ 英語の授業は何時に終わりますか？

④ 彼は普通何時に朝食を食べますか？

⑤ あなたのご主人は毎日何時に仕事から帰宅しますか？

⑥ あなたの息子さんは何時に寝ますか？
 ― 9時に寝ます。

⑦ 今ロンドンは何時ですか？
 ― 夕方の6時です。

⑧ ロバートは普通何時に宿題をしますか？

⑨ あなたは何時にお風呂に入りますか？

⑩ 彼女は普通何時に夕食の料理をしますか？

【使用語句】⑨ 風呂に入る　take a bath

ワンポイントアドバイス

どの英文も what time で始まりますが、動詞は、be 動詞でしょうか？一般動詞でしょうか？

① What time is it in Paris now?

② What time do you get up every morning?

③ What time does the English class end?

④ What time does he usually have breakfast?

⑤ What time does your husband come home from work every day?

⑥ What time does your son go to bed?
— He goes to bed at nine.

⑦ What time is it in London now?
— It's six in the evening.

⑧ What time does Robert usually do his homework?

⑨ What time do you take a bath?

⑩ What time does she usually cook dinner?

14 how many [much]

① あなたは本を何冊持っていますか？

② この車はいくらですか？

③ 君のお兄さんはCDを何枚持っているの？

④ エミリーには（男の）兄弟が何人いますか？

⑤ 君は今お金をいくら持っている？

⑥ 彼はお金がいくら必要なのですか？

⑦ あなたのおじさんは犬を何匹飼っているのですか？

⑧ あなたは何科目勉強するのですか？

⑨ トムは毎月何冊の本を読みますか？

⑩ 象の重さはどれくらいですか？

【使用語句】⑩ 重さが〜である　weigh

ワンポイントアドバイス

　how を用い数や量を尋ねる表現の練習です。how の根本的意味は「どのように」です。how many は「どのくらい多く」how much は「どのくらいたっぷり」ということですね。

① How many books do you have?

② How much is this car?

③ How many CDs does your brother have?

④ How many brothers does Emily have?

⑤ How much money do you have now?

⑥ How much money does he need?

⑦ How many dogs does your uncle have?

⑧ How many subjects do you study?

⑨ How many books does Tom read every month?

⑩ How much does an elephant weigh?

15　how old [tall etc.]

① 彼の娘さんは何歳ですか？ ― 20歳です。

② あの少年たちは何歳ですか？ ― 10歳です。

③ このお寺はどれくらいの古さですか？ ― 1000年くらいです。

④ あなたのご主人の背はどれくらいですか？
　― 170センチです。

⑤ あのバスケットボール選手の背はどれくらいですか？
　― 2メートルです。

⑥ この湖の深さはどれくらいですか？

⑦ この塔の高さはどれくらいですか？
　― 300メートル以上です。

⑧ その鳥はどれくらい速く飛ぶのですか？

⑨ 1レッスンはどれくらいの長さですか？

⑩ この食べ物はどのくらいもちますか？

【使用語句】⑤ バスケットボールの選手　basketball player　⑥ 湖　lake　⑦ 塔　tower
　　　　　⑩ もつ　last

ワンポイントアドバイス

　how＋形容詞（副詞）のさまざまな表現を練習します。「どのくらい深い」「どのくらい速く」「どのくらい長く」など、色々応用できます。

① How old is his daughter? — She is twenty years old.

② How old are those boys? — They are ten years old.

③ How old is this temple?
— It is about a thousand years old.

④ How tall is your husband?
— He is one hundred and seventy centimeters tall.

⑤ How tall is that basketball player?
— He is two meters tall.

⑥ How deep is this lake?

⑦ How high is this tower?
— It is over three hundred meters.

⑧ How fast does the bird fly?

⑨ How long is one lesson?

⑩ How long does this food last?

Part 1

16 疑問詞主語

① 誰がこの机を使うのですか？

② 誰が隣の部屋にいるのですか？

③ 誰があのギターを弾くのですか？

④ 誰がこの部屋で勉強するのですか？

⑤ 誰がこれらの煙草を吸うのですか？

⑥ 誰があなたの英語の先生ですか？ — ブラウンさんです。

⑦ 誰がこの本を欲しがっていますか？ — ケンです。

⑧ 誰が毎日この部屋を掃除するのですか？

⑨ 何が箱の中に入っているのですか？

⑩ 何があなたを悩ませるのですか？

【使用語句】② 隣の部屋　the next room　⑩ 悩ませる　annoy

ワンポイントアドバイス

　疑問詞が主語になるパターンを練習します。落とし穴になりやすいパターンです。倒置は起らず、平叙文の語順です。必要のない、do、does などを使ってしまうミ

① Who uses this desk?

② Who is in the next room?

③ Who plays that guitar?

④ Who studies in this room?

⑤ Who smokes these cigarettes?

⑥ Who is your English teacher? — Mr. Brown is.

⑦ Who wants this book? — Ken does.

⑧ Who cleans this room every day?

⑨ What is in the box?

⑩ What annoys you?

スが多いもの。
　　誰がこの机を使うのですか？
　　　→誤　Who does use this desk?
　　　　正　Who uses this desk?

17 can

① 彼は英語が話せます。

② ピーターは日本語を話せますか？ ― 話せます。

③ 君は泳げるの？ ― いや、泳げない。

④ 僕の妹は自転車に乗れません。

⑤ 僕は他の人の前で歌えません。

⑥ 君は彼女のために何ができるんだい？

⑦ 僕の弟はあまり上手に箸を使えません。

⑧ 日本でこの花を育てることができますか？

⑨ 君はこの問題を解けるかい？

⑩ どうやったら（どのように）我々は彼を助けることができますか？

【使用語句】④ 自転車に乗る　ride a bicycle　⑦ 箸　chopstick　⑧ 育てる　grow
⑨ 解く　solve

ワンポイントアドバイス

助動詞 can の練習です。助動詞を用いる文では、動詞は原形を用います。

① He can speak English.

② Can Peter speak Japanese? — Yes, he can.

③ Can you swim? — No, I can't.

④ My sister can't ride a bicycle.

⑤ I can't sing in front of other people.

⑥ What can you do for her?

⑦ My brother can't use chopsticks very well.

⑧ Can you grow this flower in Japan?

⑨ Can you solve this problem?

⑩ How can we help him?

18 現在進行形

① 僕は今英語を勉強しています。

② トムは今自分の部屋を掃除しています。

③ 君はテレビを見ているの？ — そうだよ。

④ 子供たちは何をしているんだい？
— 庭で遊んでいるわよ。

⑤ 君は何の本を読んでいるんだい？

⑥ エレンは何を探しているのですか？

⑦ 誰がお風呂に入っているの？

⑧ 僕の姉はボーイフレンドと電話で話をしている。

⑨ 彼女はなぜ泣いているのですか？

⑩ ボブとテッドはキャッチボールをしている。

【使用語句】⑥ 探す　look for　⑧ 電話で話す　talk on the phone
⑩ キャッチボールをする　play catch

ワンポイントアドバイス

現在進行形を素早く口頭で使う際に、起こりやすいのは、be 動詞の脱落と do、does を使ってしまうことです。

① I am studying English now.

② Tom is cleaning his room now.

③ Are you watching TV? — Yes, I am.

④ What are the children doing?
— They are playing in the yard.

⑤ What book are you reading?

⑥ What is Ellen looking for?

⑦ Who is taking a bath?

⑧ My sister is talking to her boyfriend on the phone.

⑨ Why is she crying?

⑩ Bob and Ted are playing catch.

トムは今自分の部屋を掃除しています。
　　→誤　Tom cleaning his room now.
　　　正　Tom is cleaning his room now.
君はテレビを見ているの？
　　→誤　Do you watching TV?
　　　正　Are you watching TV?

19 There is [are]

① 私の部屋にはピアノがあります。

② テーブルの上には本が何冊ありますか？

③ この町には図書館が2つあります。

④ 駅前に本屋が（1軒）ありますか？
— はい、あります。

⑤ 問題があるのですか？

⑥ 1年は何日ですか（1年には何日ありますか）？
— 365日です（あります）。

⑦ この辺りにはたくさんの良いレストランがある。

⑧ この町には映画館が一つもありません。

⑨ 世の中には良い人がたくさんいます。

⑩ このクラスには男の子が5人しかいません。

【使用語句】④ 本屋 bookstore　〜の前に in front of 〜　⑦ この辺り around here
⑧ 映画館 movie theater

ワンポイントアドバイス

日本では、「いる」「ある」と使い分けますが、英語ではどちらでも、There is [are] 〜 で言えます。単数について言う時は、There is 〜 を、複数には There are

① There is a piano in my room.

② How many books are there on the table?

③ There are two libraries in this town.

④ Is there a bookstore in front of the station?
— Yes, there is.

⑤ Are there any problems?

⑥ How many days are there in a year?
— There are three hundred and sixty-five days.

⑦ There are many good restaurants around here.

⑧ There aren't any movie theaters in this town.

⑨ There are many good people in the world.

⑩ There are only five boys in this class.

〜 を使います。
　　この町には図書館が 2 つあります
　　　→誤　There is two libraries in this town.
　　　　正　There are two libraries in this town.

Part 1

Part 2
中2レベル

1 過去形

① 彼はその時幸福だった。

② ボブは昨日友人たちと野球をした。

③ エレンは怒ってはいませんでした。

④ 僕は先週彼に会わなかったよ。

⑤ ナンシーは悲しかったのですか？ ― いえ、違います。

⑥ 昨日トムは彼女に電話したのですか？ ― はい、しました。

⑦ 彼らは朝食に何を食べましたか？
 ― パンを食べました。

⑧ 彼女はいつアメリカに行ったのですか？

⑨ 彼女は昨夜ご主人とレストランで夕食を食べました。

⑩ 誰がこの本を書いたのですか？

ワンポイントアドバイス

過去形の登場です。まだ英語を話す時、瞬時に適切な時制を使うのには慣れが必要です。まずは、過去形で、現在形以外の時制を練習します。

① He was happy then.

② Bob played baseball with his friends yesterday.

③ Ellen wasn't angry.

④ I didn't see him last week.

⑤ Was Nancy sad? — No, she wasn't.

⑥ Did Tom call her yesterday? — Yes, he did.

⑦ What did they eat for breakfast? — They ate some bread.

⑧ When did she go to America?

⑨ She had dinner with her husband at a restaurant last night.

⑩ Who wrote this book?

2 過去進行形

DISK ❶ TRACK 21

① その少女はその時友だち（複数）と遊んでいました。

② エドはその時テレビを見ていたのですか？

③ 彼女は英語の勉強をしていませんでした。

④ 1時間前、僕のお祖父さんは散歩をしていました。

⑤ その時ルーシーは何をしていましたか？
　― 夕食を料理していました。

⑥ なぜ君は笑っていたの？

⑦ あれらの外国人たちは日本語を話していたのですか？
　― いえ、違います。

⑧ 僕はその時君のことを考えていたんだよ。

⑨ あなたはどこに行くところだったんですか？
　― 本屋に行くところでした。

⑩ 昨夜トムは弟とチェスをしていた。

【使用語句】⑦ 外国人　foreigner　⑩ チェス　chess

😼 ワンポイントアドバイス

　過去進行形は、形は現在進行形と同じですが、過去へのスライドがあります。be動詞の過去形＋現在分詞のパターンを刷り込んでください。

① The girl was playing with her friends at the time.

② Was Ed watching TV then?

③ She wasn't studying English.

④ My grandfather was taking a walk an hour ago.

⑤ What was Lucy doing then?
— She was cooking dinner.

⑥ Why were you laughing?

⑦ Were those foreigners speaking Japanese?
— No, they weren't.

⑧ I was thinking about you then.

⑨ Where were you going?
— I was going to the bookstore.

⑩ Tom was playing chess with his brother last night.

3 when 節

① 私が起きた時、晴れていた。

② 彼女が帰宅した時、彼女の弟は宿題をしていた。

③ 暇な時、あなたは何をしますか？

④ 子供の時、彼女は外国に住んでいました。

⑤ 歌っている時、彼女は幸せです。

⑥ 学校から帰ったら宿題をしなさい。

⑦ 去年彼女に会った時、彼女は日本語をよく理解できませんでした。

⑧ 彼が窓から外を見た時、雪が降っていた。

⑨ 彼女が立ち上がった時、テーブルのすべての男性が立ち上がった。

⑩ パリに行く時、私はいつもそのホテルに泊まります。

【使用語句】③ 暇である　have free time

ワンポイントアドバイス

従属節を伴う複文の練習。英文が長くなるので、難しく感じますが、短い基本的な英文が、自由に素早く作れるようになると、長い文になっても負担を感じなくな

① When I got up, it was sunny.

② When she came home, her brother was doing his homework.

③ What do you do when you have free time?

④ When she was a child, she lived abroad.

⑤ When she is singing, she is happy.

⑥ Do your homework when you get home from school.

⑦ When I met her last year, she couldn't understand Japanese well.

⑧ When he looked out of the window, it was snowing.

⑨ When she stood up, all the men at the table stood up.

⑩ When I go to Paris, I always stay at the hotel.

ります。when 節が文頭に来るタイプとそうでないタイプの両方を使えるようにしましょう。

Part 2

4 一般動詞の SVC

① 彼女はとても幸せそうだ。

② 信号が青になった。

③ ボブは背が高くなった。

④ その男性は青ざめたのですか？ — はい、そうです。

⑤ なぜ彼は怒ったのですか？

⑥ これは酸っぱい味がするの？ — いや、違うよ。

⑦ このコーヒーは良い香りがする。

⑧ 暖かくなってきています。

⑨ そのステーキはとてもおいしかった。

⑩ 彼の息子は医師になりました。

【使用語句】④ 青ざめている　pale　⑥ 味がする　taste　酸っぱい　sour　⑨ ステーキ　steak

ワンポイントアドバイス

主語 S と補語 C がイコール関係になる SVC 文型の練習です。be 動詞では大丈夫なのに一般動詞では苦手にする人が多いようです。特に、⑦や⑨のような文で、

料金受取人払郵便

牛込局承認
6356

差出有効期間
2026年12月31日
まで

（切手不要）

郵 便 は が き

162-8790

東京都新宿区
岩戸町12レベッカビル
ベレ出版

　　読者カード係　行

お名前		年齢

ご住所　〒

電話番号	性別	ご職業

メールアドレス

個人情報は小社の読者サービス向上のために活用させていただきます。

ご購読ありがとうございました。ご意見、ご感想をお聞かせください。

● **ご購入された書籍**

● **ご意見、ご感想**

● 図書目録の送付を　　　　　□ 希望する　　□ 希望しない

ご協力ありがとうございました。
小社の新刊などの情報が届くメールマガジンをご希望される方は、
小社ホームページ（https://www.beret.co.jp/）からご登録くださいませ。

① She looks very happy.

② The traffic lights turned green.

③ Bob became tall.

④ Did the man go pale? — Yes, he did.

⑤ Why did he get angry?

⑥ Does this taste sour? — No, it doesn't.

⑦ This coffee smells good.

⑧ It is getting warm.

⑨ The steak tasted very good.

⑩ His son became a doctor.

30世紀からきたんだよ

具合がわるいの？

もともと青いのです

smell well や taste well というように副詞を使ってしまう間違いが一般的です。smell good、taste good と形容詞を用います。②信号の青は英語では green です。

Part 2

5 SVO + to [for]

DISK 1 TRACK 24

① 兄が僕にこの本をくれました。

② 彼はその猫にミルクをやった。

③ 君は彼に何と言ったの？

④ 誰が君にそれをくれたの？

⑤ トムは彼女に手紙を書きましたか？ ― はい、書きました。

⑥ お祖父さんが僕に古い切手をくれた。

⑦ 彼は妻のために何でもする。

⑧ 彼は家族のために家を買いました。

⑨ 彼女は子供たちのためにケーキを焼いた。

⑩ その作家は子供たちのためにその物語を書きました。

【使用語句】⑨ ケーキを焼く　bake a cake

ワンポイントアドバイス

SVOの第3文型。「～に、～のために」という語句を加えるためには、前置詞が必要になります。to、for の使い分けに困ったら、「与える」「見せる」など受け手

① My brother gave this book to me.

② He gave some milk to the cat.

③ What did you say to him?

④ Who gave it to you?

⑤ Did Tom write a letter to her? — Yes, he did.

⑥ My grandfather gave an old stamp to me.

⑦ He does anything for his wife.

⑧ He bought a house for his family.

⑨ She baked a cake for her children.

⑩ The writer wrote the story for children.

を前提とする時は to を、「作る」「料理をする」など必ずしも受け手が必要でないものは for と考えるといいでしょう。

6 SVOO

DISK 1 TRACK 25

① 姉が僕にギターをくれた。

② 夫は私の誕生日に素敵なプレゼントをくれます。

③ その老人は僕たちに面白いもの（面白い何か）を見せてくれました。

④ あなたは彼らに真実を教えたのですか？ — はい、そうです。

⑤ 彼女は君に何を言ったの？ — 秘密だよ。

⑥ なぜあなたは彼にお金を与えたのですか？

⑦ その本を僕に貸してください。

⑧ 彼女はその素晴らしいドレスを私たちに見せた。

⑨ おじさんが僕に3千円くれた。

⑩ 彼女は彼に何を貸したのですか？

【使用語句】② プレゼント　present　④ 真実　truth　⑦ 貸す　lend　⑧ ドレス　dress

ワンポイントアドバイス

2つの目的語を持つ文型です。間接目的語＋直接目的語の順序となります。「私はジョンにその本を貸した。」を I lent the book John だと、本にジョンを貸したこ

① My sister gave me a guitar.

② My husband gives me a nice present on my birthday.

③ The old man showed us something interesting.

④ Did you tell them the truth? — Yes, I did.

⑤ What did she tell you? — It's a secret.

⑥ Why did you give him money?

⑦ Please lend me the book.

⑧ She showed us the wonderful dress.

⑨ My uncle gave me three thousand yen.

⑩ What did she lend him?

とになります。正しくは、I lent John the book です。

7 will

① 私は将来作家になります。

② 僕は、今夜は飲まないよ。

③ 我々があなたのお手伝いをしますよ。

④ 私たちは決して彼のことを忘れません。

⑤ 今度ロンドンを訪れるときは、私はあのホテルに泊まります。

⑥ 明日東京は晴れるでしょう。

⑦ 彼女は良い母親になるでしょう。

⑧ パーティーはもうすぐ始まりますか？

⑨ 彼らはいつ大阪に引っ越すのですか？

⑩ 何人の人がここに今週滞在しますか？

【使用語句】④忘れる　forget　⑤訪れる　visit　⑨引っ越す　move

ワンポイントアドバイス

①〜⑤は意志未来で、自分の意志を表します。⑥〜⑩は単純未来で、未来に起こるであろうことを表現しています。

① I will be a writer in the future.

② I won't drink tonight.

③ We will help you.

④ We will never forget him.

⑤ When I visit London next time, I will stay at that hotel.

⑥ It will be sunny in Tokyo tomorrow.

⑦ She will be a good mother.

⑧ Will the party begin soon?

⑨ When will they move to Osaka?

⑩ How many people will stay here this week?

8 will（依頼）/ shall（申し出・誘い）

DISK 1 TRACK 27

① この部屋を掃除してくれますか？ — いいですよ。

② 宿題を手伝ってくれるかい？ — いいとも。

③ 私をそこに連れて行ってくれる？ — いいよ。

④ 水を1杯持ってきてくれますか？ — かしこまりました。

⑤ きょうは僕が夕食を料理しようか？ — お願いするわ。

⑥ ドアを閉めましょうか？

⑦ みんなのために僕が歌を1曲歌おうか？ — 結構だよ。

⑧ ジャズを聴こうか？ — うん、そうしよう。

⑨ 放課後サッカーをしようか？ — いいよ。

⑩ あのレストランでディナーを食べようか？
— うん、そうしよう。

【使用語句】③連れていく take ④持ってくる bring ⑧ジャズ jazz

ワンポイントアドバイス

will は、「～してくれますか」と依頼の意味でも使われます。will 単独では、ぞんざいな感じがしますので、please を添えたいもの。「～しましょうか？」という

① Will you please clean this room? — All right.

② Will you help me with my homework, please? — Sure.

③ Will you take me there, please? — Sure.

④ Will you bring me a glass of water, please? — Certainly.

⑤ Shall I cook dinner today? — Yes, please.

⑥ Shall I close the door?

⑦ Shall I sing a song for everyone? — No, thank you.

⑧ Shall we listen to jazz? — Yes, let's.

⑨ Shall we play soccer after school? — All right.

⑩ Shall we have dinner at that restaurant? — Yes, let's.

申し出、誘いでは Shall I 〜、Shall we 〜を使います。

Part 2

9 be going to

① 私はきょう家で家族と夕食を食べる予定です。

② 私たちはその町に数日滞在する予定です。

③ 彼らは今秋結婚する予定です。

④ 君は今晩彼女を車で拾うつもりなの？ ― そうだよ。

⑤ トムはきょうの午後宿題をするつもりだった。

⑥ 彼女は彼らを夕食に招待するつもりだった。

⑦ どこでそのチケット（複数）を買うつもりですか？

⑧ ボブとエミリーは来月ハワイに行く予定です。

⑨ あなた方は夕食に何を食べる予定ですか？
  ― 日本料理を食べる予定です。

⑩ 彼は何カ国訪れる予定ですか？

【使用語句】③ 結婚する　get married　④ 車で拾う　pick up　⑥ 招待する　invite
　　　　　⑦ チケット　ticket　⑧ ハワイ　Hawaii

ワンポイントアドバイス

be going to ~ は will と同じく、未来のことを言い表しますが、特に、具体的に決まっていること、予定されていることについて言う時に多く使います。

① I am going to have dinner with my family at home today.

② We are going to stay in the town for a few days.

③ They are going to get married this autumn.

④ Are you going to pick her up tonight? — Yes, I am.

⑤ Tom was going to do his homework this afternoon.

⑥ She was going to invite them to dinner.

⑦ Where are you going to buy the tickets?

⑧ Bob and Emily are going to go to Hawaii next month.

⑨ What are you going to have for dinner?
— We are going to have Japanese food.

⑩ How many countries is he going to visit?

10 must / may

① 君は静かにしなくてはならない。

② 僕は寝ていなければならないの？ ― そうだよ。

③ あなたはここでは英語を話さなくてはなりません。

④ その少女は兄弟姉妹たちの世話をしなくてはならない。

⑤ この川で泳いではいけません。

⑥ この本を読んでもいいですか？ ― いいですよ。

⑦ お前は私と一緒に来てもいいよ。

⑧ この箱を開けてもいいですか？ ― いいえ、いけません。

⑨ お前たちはこの村で暮らしてもよい。

⑩ 次回は友だち（複数）を連れてきてもいいですか？
― はい、いいですよ。

【使用語句】② 寝ている　stay in bed　⑨ 村　village

ワンポイントアドバイス

　must は「～しなければならない」という義務、may は「～してもよい」という許可の意味を動詞に加えます。注意したいのは、must の否定　must not [mustn't]

① You must be quiet.

② Must I stay in bed? — Yes, you must.

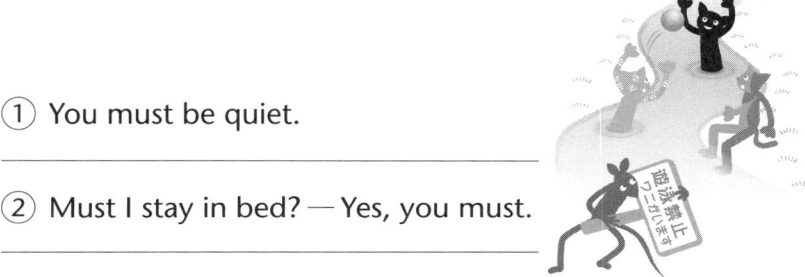

③ You must speak English here.

④ The girl must take care of her brothers and sisters.

⑤ You must not swim in this river.

⑥ May I read this book? — Yes, you may.

⑦ You may come with me.

⑧ May I open this box? — No, you may not.

⑨ You may live in this village.

⑩ May I bring my friends next time?
　— Yes, you may.

は「〜してはならない」という禁止の意味になるということ。「〜しなくてもよい」という意味ではありません。

11 have to

① 私は手紙を1通書かなくてはならない。

② ロバートは毎日バイオリンの練習をしなくてはならない。

③ あなたはきょうそこに行かなくてはならないのですか？
　— はい、そうです。

④ あなたは彼女に電話しなくてもいいですよ。

⑤ このレストランではジャケットを着なくてはなりません。

⑥ 僕たちはここで靴を脱がなくてはなりませんか？
　— はい、そうです。

⑦ そのお金持ちの男性は働く必要がありません。

⑧ あなたは毎月いくら支払わなくてはならないのですか？

⑨ ボブは歯医者に行かなくてはなりません。

⑩ なぜ僕たちはここにとどまらなくてはならないのですか？

【使用語句】⑤ジャケット　jacket　⑥脱ぐ　take off　⑨歯医者　dentist

ワンポイントアドバイス

　肯定文では、must と同じく、「～しなくてはならない」という意味ですが、否定文では、「～しなくてもよい」という意味になることに注意しましょう。

① I have to write a letter.

② Robert has to practice the violin every day.

③ Do you have to go there today?
— Yes, I do.

④ You don't have to call her.

⑤ You have to wear a jacket in this restaurant.

⑥ Do we have to take off our shoes here?
— Yes, you do.

⑦ The rich man doesn't have to work.

⑧ How much do you have to pay every month?

⑨ Bob has to go to the dentist.

⑩ Why do we have to stay here?

12 be able to

DISK 1 TRACK 31

① エミリーはもうすぐ自転車に乗れるようになるでしょう。

② 僕はいつか英語を話せるようになるでしょうか？
— もちろん、なりますよ。

③ 彼らは来週彼に会うことはできないでしょう。

④ 1か月したらあなたは外で遊ぶことができますよ。

⑤ その若者はこの仕事をすることができます。

⑥ あなたは1キロ泳ぐことができますか？
— いいえ、できません。

⑦ あなたはどうやってそんなことができるのですか？

⑧ かつて彼女は10か国語を話すことができた。

⑨ 学生たちはその問題を解くことができなかった。

⑩ 彼は何冊の本を読むことができましたか？

【使用語句】① 自転車に乗る　ride a bicycle　⑥ 1キロ（距離）　one kilometer

ワンポイントアドバイス

　canと同じく「〜できる」という意味を動詞に加えます。canが「かもしれない」という可能性の意味も持つのに対し、be able toは、その意味は持ちません。未来

練習あるのみ!!

① Emily will soon be able to ride a bicycle.

② Will I be able to speak English someday?
— Of course, you will.

③ They will not be able to see him next week.

④ You will be able to play outside in a month.

⑤ The young man is able to do this work.

⑥ Are you able to swim one kilometer?
— No, I am not.

⑦ How are you able to do such a thing?

⑧ She was once able to speak ten languages.

⑨ The students weren't able to solve the problem.

⑩ How many books was he able to read?

形だけで用いると勘違いしないこと。あらゆる時制で使うことができます。

13 感嘆文

① あの山はなんて高いのでしょう！

② 彼女はなんて美しいのでしょう！

③ ボブはなんて内気な少年なのでしょう！

④ これはなんて大きなりんごなのでしょう！

⑤ あの映画はなんておもしろかったのでしょう！

⑥ あれはなんと長い演説だったのでしょう！

⑦ あの犬はなんてかわいいのでしょう！

⑧ きょうはなんて寒いのでしょう！

⑨ ケンはなんて速く走るのでしょう！

⑩ そのケーキはなんて美味しそうなのでしょう！

【使用語句】③内気な　shy　⑥演説　speech　⑦可愛い　cute

ワンポイントアドバイス

very ～ というように別の表現で同じようなことを言い表せるので、感嘆文が使えなくなっている人がかなりいます。how を用いるタイプと what を用いるタイ

① How high that mountain is!

② How beautiful she is!

③ What a shy boy Bob is!

④ What a big apple this is!

⑤ How interesting that movie was!

⑥ What a long speech that was!

⑦ How cute that dog is!

⑧ How cold it is today!

⑨ How fast Ken runs!

⑩ How delicious the cake looks!

プの両方をしっかり練習しておきましょう。大きなりんごを見て、How big this apple is!　What a big apple this is! と二通りの表現ができます。

14 不定詞—名詞的用法

DISK 1 TRACK 33

① トムはこの本を読みたがっている。

② 私は将来ハワイで暮らしたい。

③ その時、雨が降り始めた。

④ 突然ボブは笑い始めた。

⑤ 彼らはその大きな岩を動かそうとした。

⑥ 彼女はその箱を開けようとしたのですか？

⑦ 僕はあの家を買うことに決めたよ。

⑧ トムとナンシーはまもなくカリフォルニアに引っ越すことを決めた。

⑨ 僕のお祖父さんの趣味はバラを育てることです。

⑩ 彼女の仕事は日本人に英語を教えることです。

【使用語句】⑧ カリフォルニア California

ワンポイントアドバイス

動詞に名詞のような働きをさせます。Tom wants to read this book. では、read this book が Tom wants this book. における this book と同じく目的語

① Tom wants to read this book.

② I want to live in Hawaii in the future.

③ It began to rain then.

④ Bob began to laugh suddenly.

⑤ They tried to move the big rock.

⑥ Did she try to open the box?

⑦ I decided to buy that house.

⑧ Tom and Nancy decided to move to California soon.

⑨ My grandfather's hobby is to grow roses.

⑩ Her job is to teach English to Japanese people.

の役割を果たしています。つまり、トムはこの本を読むことを欲している。→この本を読みたい　となります。

15 不定詞―形容詞的用法

① あなたはきょうすることがありますか？

② 彼女にはしなくてはならない（するべき）仕事がある。

③ 彼は列車で読む本を買った。

④ 何か飲み物が欲しい？ ― いや、欲しくないよ。

⑤ 彼は奥さんにあげる花を選んでいます。

⑥ 彼には書かなければならない手紙がたくさんあった。

⑦ 私とその店に行く時間がありますか？

⑧ 冷蔵庫に食べ物が全然ないよ。

⑨ 誰が月の上を最初に歩いた人でしたか？

⑩ 彼女はパイロットになった最初の女性でした。

【使用語句】⑤ 選ぶ　choose　⑧ 冷蔵庫　refrigerator

ワンポイントアドバイス

　名詞を修飾するという、形容詞特有の働きを動詞に担わせることから、こう呼ばれます。to 不定詞が直前の名詞を修飾します。「君に言いたいことがある。」を我々

① Do you have anything to do today?

② She has some work to do.

③ He bought a book to read on the train.

④ Do you want anything to drink? — No, I don't.

⑤ He is choosing flowers to give to his wife.

⑥ He had many letters to write.

⑦ Do you have time to go to the store with me?

⑧ There is nothing to eat in the refrigerator. / There isn't anything to eat in the refrigerator.

⑨ Who was the first man to walk on the moon?

⑩ She was the first woman to become a pilot.

が I want to tell you something. と名詞的用法を使うのが多いのに対し、ネイティブ・スピーカーは I have something to tell you. と形容詞的用法を頻用する傾向があります。⑨⑩のような文は関係代名詞で言いかえることもできますね。

Part 2

16 不定詞―副詞的用法

① エミリーは朝食を作るために朝早く起きます。

② 彼は家族を養うために懸命に働いている。

③ 君は車を買うためにお金をためているの？

④ 彼はそのボクシングの試合を見るためにラスベガスに行った。

⑤ ケンはその列車に乗るために駅まで走った。

⑥ あの国に行くには飛行機に乗らなければなりませんよ。

⑦ 少女は彼に会えてうれしかった。

⑧ それを聞いて残念です。

⑨ ここにいるのがうれしいです。

⑩ 彼はその結果を知って喜ぶでしょう。

【使用語句】 ②養う　support　④ボクシングの試合　boxing match　ラスベガス　Las Vegas
⑩結果　result

ワンポイントアドバイス
①〜⑥では行為の目的を表すパターン、⑦〜⑩は感情の原因を表すパターンです。

① Emily gets up early in the morning to make breakfast.

② He works hard to support his family.

③ Are you saving money to buy a car?

④ He went to Las Vegas to watch the boxing match.

⑤ Ken ran to the station to catch the train.

⑥ You have to take an airplane to go to that country.

⑦ The girl was happy to meet him.

⑧ I am sorry to hear that.

⑨ I am happy to be here.

⑩ He will be happy to find out the result.

手紙くれよ!

Part 2

17 動名詞

① 僕の父は歌うのが好きです。

② あなたは読書がお好きですか？ ― はい、好きです。

③ 彼は去年禁煙した。

④ 昨夜遅く雪が降り始めた。

⑤ あの人と働くのはおもしろいですよ。

⑥ 僕たちはその美しい公園を散歩して楽しんだ。

⑦ 他人に優しくすることが大切です。

⑧ あの人たちを助けることが君の義務だ。

⑨ あなたのお姉さんはお話をするのが得意ですか？

⑩ あの喫茶店で休憩するのはどうですか？

【使用語句】③ 煙草を吸う　smoke　⑧ 義務　duty
　　　　　⑩ 休憩する　take a break　〜するのはどうですか？　How about 〜ing

ワンポイントアドバイス

動詞に ing を添えて名詞化します。名詞と同じく、主語、目的語、補語になります。
主語）Playing the piano is her job.

① My father likes singing.

② Do you like reading? — Yes, I do.

③ He quit smoking last year.

④ It began snowing late last night.

⑤ Working with that man is interesting.

⑥ We enjoyed walking in the beautiful park.

⑦ Being kind to others is important.

⑧ Helping those people is your duty.

⑨ Is your sister good at telling stories?

⑩ How about taking a break at that coffee shop?

目的語）彼女はピアノを弾くのが好きです。→ She likes playing the piano.
補語）Her hobby is playing the piano.

18 原級比較

① この自転車はあの自転車と同じくらい大きい。

② エミリーはナンシーと同じくらい背が高い。

③ 彼の髪は君と同じくらい長いの？

④ この指輪はあの指輪ほど高くない。

⑤ 君の弟はもうすぐ君と同じ背丈になるだろう。

⑥ あなたはピーターと同じくらい一生懸命勉強しなければなりません。

⑦ この鳥はツバメと同じくらい速く飛ぶのですか？
 — いいえ、違います。

⑧ 彼はあなたと同じくらい上手にピアノを弾きます。

⑨ その赤ちゃんは天使のように（天使と同じくらい）無垢に見える。

⑩ 私はあなたと同じくらいお金持ちになりたいです。

【使用語句】⑦ ツバメ　swallow　⑨ 無垢な　innocent

ワンポイントアドバイス

〜と同じくらい…を言い表す as…as 〜 で、多いのは、形容詞、副詞を比較級にしてしまうことと、as を一つ落としてしまうミスです。

① This bicycle is as big as that one.

② Emily is as tall as Nancy.

③ Is his hair as long as yours?

④ This ring is not as expensive as that one.

⑤ Your brother will soon be as tall as you.

⑥ You have to study as hard as Peter.

⑦ Does this bird fly as fast as a swallow?
— No, it doesn't.

⑧ He plays the piano as well as you.

⑨ The baby looks as innocent as an angel.

⑩ I want to be as rich as you.

エミリーはナンシーと同じくらい背が高い。
→誤　Emily is as taller as Nancy.
　正　Emily is as tall as Nancy.
　誤　Emily is tall as Nancy.
　正　Emily is as tall as Nancy.

背が高いというより
首が長いんだよな

Part 2

19 比較級—er 形

① この石はあの石より重い。

② この猫はあの猫より年をとっていますか？ — はい、そうです。

③ このセーターはあのセーターより安くはありません。

④ 彼の作文は僕のより良かった。

⑤ ピーターは君よりずっと忙しいんだよ。

⑥ この映画はあの映画よりひどい（悪い）。

⑦ あの男性は奥さんより若いのですか？ — はい、そうです。

⑧ 僕はボブより速く走れます。

⑨ 私は野菜より肉のほうがずっと好きです。

⑩ エレンはあなたより上手にスペイン語を話しますか？

【使用語句】③セーター sweater ⑨肉 meat 野菜 vegetable ⑩スペイン語 Spanish

ワンポイントアドバイス

比較で er の形になる語は、使用頻度が非常に高い基本単語がほとんどです、繰り返しているうちに音で覚えてしまいましょう。

① This stone is heavier than that one.

② Is this cat older than that one? — Yes, it is.

③ This sweater is not cheaper than that one.

④ His essay was better than mine.

⑤ Peter is much busier than you.

⑥ This movie is worse than that one.

⑦ Is that man younger than his wife? — Yes, he is.

⑧ I can run faster than Bob.

⑨ I like meat much better than vegetables.

⑩ Does Ellen speak Spanish better than you?

20 最上級—est 形

① これらの本の中で、これが一番良い。

② あの女性たちの中でルーシーが一番若いのですか？
— はい、そうです。

③ マイケルは3人兄弟の中で一番頭が良かった。

④ 最も長い英単語を知っていますか？ — いいえ、知りません。

⑤ ナンシーは僕のクラスで一番可愛い女の子だ。

⑥ この写真がすべてのうちで最悪です。

⑦ この人形はそれら全部の中で一番古い。

⑧ クラスで、エミリーが一番上手にフランス語を話します。

⑨ トムはクラスで一番速く走ります。

⑩ 彼女は家族で一番早く起きます。

【使用語句】③ 頭が良い smart ⑦ 人形 doll ⑧ フランス語 French

ワンポイントアドバイス

比較の時、er の形になる語は、最上級では est の形に変わります。比較、最上級と一緒に練習して口で覚えましょう。

① This is the best of these books.

② Is Lucy the youngest of those women?
— Yes, she is.

③ Michael was the smartest of the three brothers.

④ Do you know the longest English word? — No, I don't.

⑤ Nancy is the prettiest girl in my class.

⑥ This picture is the worst of all.

⑦ This doll is the oldest one of them all.

⑧ Emily speaks French the best in her class.

⑨ Tom runs the fastest in his class.

⑩ She gets up the earliest in her family.

ひど〜い

Part 2

21 比較級—more

① この話はあの話より面白い。

② 彼はジョンより注意深いですか？ — はい、そうです。

③ この小説はあの小説より有名ではない。

④ 金は銀より価値がある。

⑤ これらの問題はあれらより難しい。

⑥ その少年はあの大学生たちより聡明です。

⑦ この言語は英語より有用になるでしょうか？
— いいえ、そうはならないでしょう。

⑧ その時、彼らにとって水はお金より重要だった。

⑨ 彼はあなたよりゆっくり話します。

⑩ ボブはジャックよりずっと注意深く運転します。

【使用語句】②注意深い careful ④金 gold 銀 silver 価値がある valuable
⑥聡明な intelligent ⑦有用な useful ⑨ゆっくりと slowly
⑩注意深く carefully

ワンポイントアドバイス

er の形になる一部の単語以外は比較では、その前に more が添えられます。

① This story is more interesting than that one.

② Is he more careful than John? — Yes, he is.

③ This novel isn't more famous than that one.

④ Gold is more valuable than silver.

⑤ These problems are more difficult than those.

⑥ The boy is more intelligent than those college students.

⑦ Will this language be more useful than English? — No, it won't.

⑧ Water was more important for them than money then.

⑨ He speaks more slowly than you.

⑩ Bob drives much more carefully than Jack.

他のお客さまに迷惑です
少し静かにして
頂けますか

22 最上級―most

① 彼らのうちでロバートが一番勤勉な生徒です。

② 彼女は町の女性のうちで一番美しかった。

③ この車がその3台のうちで一番高価なのですか？
　― はい、そうです。

④ これは世界で最も有名な小説の1つです。

⑤ これは世界で最も危険なスポーツの1つです。

⑥ 彼女は当時この国で最も人気のある歌手の1人だった。

⑦ 数学は私にとってすべてのうちでもっとも難しい科目だった。

⑧ 彼はこのクラスで一番聡明な学生ですか？
　― いいえ、違います。

⑨ ボブは彼ら皆の中で一番ゆっくり歩きました。

⑩ 父は家族の中で一番注意深く運転します。

【使用語句】① 勤勉な　diligent　③ 高価な　expensive　⑤ 危険な　dangerous
　　　　　　⑥ 当時　in those days　人気のある　popular　⑦ 数学　mathematics

ワンポイントアドバイス

　比較の時、more が添えられる語は、最上級の時は、the most を添えます。形容詞は the を必ずつけますが、副詞は、the があってもなくても OK です。

① Robert is the most diligent student of them.

② She was the most beautiful of all the women in the town.

③ Is this car the most expensive of the three?
　— Yes, it is.

④ This is one of the most famous novels in the world.

⑤ This is one of the most dangerous sports in the world.

⑥ She was one of the most popular singers in this country in those days.

⑦ Mathematics was the most difficult subject of all for me.

⑧ Is he the most intelligent student in this class?
　— No, he isn't.

⑨ Bob walked (the) most slowly of them all.

⑩ My father drives (the) most carefully in my family.

23 比較級、最上級を使った疑問詞の文

① あなたとあなたのお兄さんでは、どちらの方が背が高いですか？

② ボブとジャックでは、どちらの方が速く走りますか？

③ エミリーとジャックでは、今朝、どちらの方が早く起きましたか？

④ 地球と月では、どちらの方が大きいですか？

⑤ このケーキとあのケーキでは、どちらの方が美味しそうに見えますか？

⑥ あなたは、夏と冬では、どちらの方が好きですか？
— 夏の方が好きです。

⑦ メアリーは、中華料理と日本料理ではどちらの方が好きですか？ — 日本料理の方が好きです。

⑧ 私たちにとって何が一番大切ですか？

⑨ この学校で一番背の高い生徒は誰ですか？ — フレッドです。

⑩ 誰が一番上手にピアノを弾きましたか？ — ナンシーです。

【使用語句】④ 地球　earth

① Who is taller, you or your brother?

② Who runs faster, Bob or Jack?

③ Who got up earlier this morning, Emily or Jack?

④ Which is bigger, the earth or the moon?

⑤ Which looks more delicious, this cake or that one?

⑥ Which do you like better, summer or winter?
— I like summer better.

⑦ Which does Mary like better, Chinese food or Japanese food? — She likes Japanese food better.

⑧ What is the most important for us?

⑨ Who is the tallest student in this school? — Fred is.

⑩ Who played the piano (the) best? — Nancy did.

24 現在完了―継続

① 彼は日本に2年住んでいます。

② 先週からずっと晴れているのですか？ ― はい、そうです。

③ あなたは長い間彼女を知っているのですか？
　― いいえ、違います。

④ トムは先週からとても忙しい。

⑤ 私はずっとあなたに会いたかったのです。

⑥ 彼は両親に長い間会っていない。

⑦ ナンシーはどのくらいの間自分の部屋にいるのですか？

⑧ 僕たちは結婚して10年です。

⑨ 彼女は夫と1週間話をしていない。

⑩ 彼は7歳の時からこの町に住んでいる。

【使用語句】⑧ 結婚している　married

😈 ワンポイントアドバイス

　現在完了は、点ではなく、過去から現在に至る、幅を持った時制です。現在完了を感覚的に理解するのはかなり英語に慣れてからですが、まずは、have + 過去分詞

そろそろ
ひと雨ほしいなぁ

① He has lived in Japan for two years.

だね

② Has it been sunny since last week? — Yes, it has.

③ Have you known her for a long time?
— No, I haven't.

④ Tom has been very busy since last week.

⑤ I have always wanted to meet you.

⑥ He hasn't seen his parents for a long time.

⑦ How long has Nancy been in her room?

⑧ We have been married for ten years.

⑨ She hasn't talked to her husband for a week.

⑩ He has lived in this town since he was seven.

の型に慣れましょう。現在完了—継続は、過去からの現在までの幅を意識し、期間を表す語句が一緒に使われます。

25 現在完了―完了

① 僕はちょうど手紙を１通書いたところです。

② 君はもうその本を図書館に返したかい？
　― うん、返したよ。

③ 僕のお母さんはまだケーキを作っていません。

④ 飛行機はもう離陸してしまった。

⑤ 電車はまだ出発していませんよ。

⑥ 僕たちはちょうど夕食を終えたところです。

⑦ トムはまだ手を洗っていません。

⑧ あの少年はもう本（複数）を全部読んでしまいました。

⑨ その少女は外国に行ってしまったのですか？
　― いいえ、違います。

⑩ ジャックは鍵をなくしてしまった。

【使用語句】① ちょうど　just　② 返す　return　④ 離陸する　take off　⑩ 鍵　key

ワンポイントアドバイス

現在完了―完了では、現在までに何かが起きた、あるいは起きていないということを言い表します。yet、already などの副詞の使い方に慣れましょう。

① I have just written a letter.

② Have you returned the book to the library yet?
— Yes, I have.

③ My mother hasn't made a cake yet.

④ The airplane has already taken off.

⑤ The train hasn't left yet.

⑥ We have just finished dinner.

⑦ Tom hasn't washed his hands yet.

⑧ That boy has already read all of the books.

⑨ Has the girl gone to a foreign country?
— No, she hasn't.

⑩ Jack has lost the key.

26 現在完了─経験

① あなたはフランスに行ったことがありますか？
　― はい、あります。

② 私は一度彼にあったことがあります。

③ 彼は富士山に登ったことが一度もありません。

④ 私たちは何度もあのレストランでディナーを食べたことがあります。

⑤ あなたは彼女とダンスをしたことがありますか？
　― いえ、ありません。

⑥ 僕の弟は一度もディズニーランドに行ったことがありません。

⑦ 彼女はマドリードを訪れたことが２回あります。

⑧ 僕はこの小説を一度読んだことがある。

⑨ 彼は野球をしたことが一度もありません。

⑩ 彼女は結婚してから一度も日本を出たことがありません。

【使用語句】③ 富士山　Mt. Fuji　⑤ ～とダンスをする　dance with ～
⑥ ディズニーランド　Disneyland　⑦ マドリード　Madrid　⑧ 小説　novel

ワンポイントアドバイス

　現在完了─経験では、過去から現在までに、何かをしたことがある、あるいは、ない、ということを表現します。before、once、ever、never といった副詞がよく使われます。

① Have you ever been to France?
　— Yes, I have.

② I have met him once.

③ He has never climbed Mt. Fuji.

④ We have had dinner at that restaurant many times.

⑤ Have you ever danced with her?
　— No, I haven't.

⑥ My brother has never been to Disneyland.

⑦ She has been to Madrid twice.

⑧ I have read this novel once.

⑨ He has never played baseball.

⑩ She has never left Japan since she got married.

27 現在完了—現在完了進行形

① 僕は1時間宿題をしている。

② ジャックはその工場で3年働いています。

③ トムは朝からずっと何かを探している。

④ どれくらいの間雨が降っているのですか?

⑤ ボブは5時間以上テレビを見ている。

⑥ あなたのおばさんは先週から病気なのですか?
― はい、そうなんです。

⑦ 君は昨日から何について考えているんだい?

⑧ 彼は12時間眠っている。

⑨ 彼はどれくらいの間メアリーを待っているのですか?

⑩ ブラウンさんは5年間日本語を習っている。

【使用語句】② 工場 factory

ワンポイントアドバイス

過去からずっと何かが続いて、この瞬間も続いているということを表現します。現在完了と現在進行形の組み合わせといった時制です。通常、期間を表す語句を伴います。

① I have been doing my homework for an hour.

② Jack has been working at the factory for three years.

③ Tom has been looking for something since this morning.

④ How long has it been raining?

⑤ Bob has been watching TV for more than five hours.

⑥ Has your aunt been sick since last week?
— Yes, she has.

⑦ What have you been thinking about since yesterday?

⑧ He has been sleeping for twelve hours.

⑨ How long has he been waiting for Mary?

⑩ Mr. Brown has been learning Japanese for five years.

おそいなぁ…

28 that 節

① 私は、エミリーは和食が好きだと思います。

② あなたは、彼らが結婚すると思いますか？ — はい、思います。

③ 私たちは、彼が正しいとは思いません。

④ 彼は自分が間違っていることを知っていた。

⑤ 彼女は、その外国人が日本語を理解することを知っていましたか？ — いえ、知りませんでした。

⑥ 彼らは、その女性が魔女であることを知りませんでした。

⑦ 彼が時間通りに来ることを望みます。

⑧ あなたはお嬢さんがお金持ちの男性と結婚することを望みますか？

⑨ 私たちは彼がその仕事をできると信じています。

⑩ あなたはなぜ犬が猫より頭が良いと思うのですか？

【使用語句】① 和食 Japanese food　⑥ 魔女 witch　⑦ 時間通りに on time　望む hope

ワンポイントアドバイス

一つの文がもう一つの文に含まれている文型です。もう一つの文への扉になるのが接続詞 that です。この扉は、ガラスのように透明の時もありますが、見えなくても、ちゃんとそこにあります。

① I think that Emily likes Japanese food.

② Do you think that they will get married? — Yes, I do.

③ We don't think that he is right.

④ He knew that he was wrong.

⑤ Did she know that the foreigner understood Japanese?
— No, she didn't.

⑥ They didn't know that the woman was a witch.

⑦ I hope that he will come on time.

⑧ Do you hope that your daughter will marry a rich man?

⑨ We believe that he can do the work.

⑩ Why do you think that dogs are smarter than cats?

猫の方が
バカだ

んだ
犬はネズミを
おそわない
もんな

29 受身

① この詩は多くの人に愛されている。

② この小説は同じ作家に書かれたのですか？

③ この国では英語は話されません。

④ この問題はいつか解かれるでしょう。

⑤ これらの本は多くの国で読まれるでしょう。

⑥ 誰が車にはねられたのですか？

⑦ この物語は子供たちのために書かれました。

⑧ その先生は生徒たちに好かれるでしょう。

⑨ この歌は多くの歌手に歌われてきた。

⑩ あの部屋はもう掃除されましたか？ ― はい、されました。

【使用語句】⑥（車が人を）はねる　hit

ワンポイントアドバイス

　受動態は能動態と表裏の関係です。しかし、テキスト類で使われる例文が能動態に比べてずっと少ないので、慣れていない人が多いもの。十分に練習して、be 動詞＋過去分詞のパターンを自在に使えるようにして下さい。

① This poem is loved by many people.

② Was this novel written by the same writer?

③ English is not spoken in this country.

④ This problem will be solved someday.

⑤ These books will be read in many countries.

⑥ Who was hit by a car?

⑦ This story was written for children.

⑧ The teacher will be liked by the students.

⑨ This song has been sung by many singers.

⑩ Has that room been cleaned yet?
— Yes, it has.

Part 3
中3レベル

1 従属節を導く接続詞—1

① 質問があったら、私に聞いてください。

② 明日晴れたらお前たちを海に連れていくよ。

③ ここで働きたいなら、君は英語を覚えなければならない。

④ 風が強かったので、僕たちは昨日出かけなかった。

⑤ 忙しいから僕は君を手伝うことはできない。

⑥ 時計をなくしてしまったので、僕は新しいのを買わなくてはならない。

⑦ あなたは散歩をする前に朝食を食べるのですか？

⑧ ケンはいつも夕食を食べる前に風呂に入ります。

⑨ その少年は宿題をした後寝た。

⑩ 朝起きた後、あなたは最初に何をしますか？

【使用語句】④ 風が強い windy

ワンポイントアドバイス

　従属節を導く色々な接続詞の練習です。1では、接続詞を用いて、条件、理由、時を表す従属節を作る練習です。②条件と時を表す副詞節では未来のことでも、will を使わず現在形を使うというルールを思い出して下さい。

① If you have any questions, please ask me.

② If it is sunny tomorrow, I will take you to the sea.

③ If you want to work here, you have to learn English.

④ As it was windy, we didn't go out yesterday. /
We didn't go out yesterday because it was windy.

⑤ As I'm busy, I can't help you. /
I can't help you because I'm busy.

⑥ As I have lost my watch, I have to buy a new one. /
I have to buy a new watch because I lost mine.

⑦ Do you have breakfast before you take a walk?

⑧ Ken always takes a bath before he has dinner.

⑨ The boy went to bed after he did his homework.

⑩ What do you do first after you get up in the morning?

2 従属節を導く接続詞—2

① 彼がテレビを見ている間、私は部屋を掃除した。

② ヨーロッパにいる間にあなたは多くの友だちができましたか？

③ 他の生徒が勉強している間、ボブは何をしていたのですか？

④ 彼女が留守の間、誰かが彼女の部屋に入った。

⑤ 兄が戻ってくるまで、僕はここにいます。

⑥ すべてが用意できるまで、何もさわってはいけません。

⑦ 20歳になるまで彼女は両親と暮らしていたのですか？

⑧ その試験はとても難しかったが、彼は合格した。

⑨ とても眠かったけれど、ボブは宿題をしなければならなかった。

⑩ 彼は非常に若いけれどとてもお金持ちだ。

【使用語句】 ④ 留守である　be out　⑥ 用意ができている　be ready
⑧ 合格する　pass

ワンポイントアドバイス

2では、時を表す従属節と、逆説の従属節を作ります。時を表す副詞節では、時制に注意しましょう。

① While he was watching TV, I cleaned the room.

② Did you make many friends while you were in Europe?

③ What was Bob doing while the other students were studying?

④ While she was out, someone went into her room.

⑤ I'll wait here until [till] my brother comes back.

⑥ You mustn't touch anything until [till] everything is ready.

⑦ Did she live with her parents until [till] she was twenty?

⑧ Although [Though] the examination was very difficult, he passed.

⑨ Although [Though] he was very sleepy, Bob had to do his homework.

⑩ Although [Though] he is very young, he is very rich.

3 間接疑問文

① 僕はあれが何なのかわからない。

② あなたが昨日何をしたのか教えてくれますか？

③ 君はピーターがどこにいるか知っているかい？

④ 彼女は誰が窓を割ったのか知っている。

⑤ あなたはあの国で何語が話されるか知っていますか？

⑥ 君がどうやって日本語を覚えたのか教えてよ。

⑦ 彼はなぜエミリーが怒っているのかわからなかった。

⑧ 彼が何時にここに到着するか知っていますか？

⑨ なぜ彼はそういったのかしら？（wonder を使用）

⑩ こんなに美しい詩を誰が書いたのかしら？（wonder を使用）

【使用語句】⑩ 詩　poem

ワンポイントアドバイス

　間接疑問文では、疑問文が別の文に含まれます。含まれる疑問文では、倒置が起こらないことに注意しましょう。

① I don't know what that is.

② Will you please tell me what you did yesterday?

③ Do you know where Peter is?

④ She knows who broke the window.

⑤ Do you know what language is spoken in that country?

⑥ Please tell me how you learned Japanese.

⑦ He didn't know why Emily was angry.

⑧ Do you know what time he will get here?

⑨ I wonder why he said so.

⑩ I wonder who wrote such a beautiful poem.

単純な疑問文「あれは何ですか？」→ What is that?
間接疑問文「僕はあれが何なのかわからない」
　→誤　I don't know what is that.
　　正　I don't know what that is.

4 疑問詞＋to 不定詞

① 彼女は何をすればよいのかわからない。

② お母さんが私にケーキの焼き方を教えてくれた。

③ どうやったら幸せになれるか教えてください。

④ その時僕はなんと言ったらいいのかわからなかった。

⑤ いつ止まったらいいか言ってください。

⑥ 僕はどこで彼女に会うべきかわからない。

⑦ トムはその単語の綴り方がわからなかった。

⑧ どちらの辞書を買ったらいいか教えてよ。

⑨ 彼らはどこに駐車したらいいか知っていますか？

⑩ 彼女の誕生パーティーに何を料理したらいいか教えてください。

【使用語句】⑦ 綴る　spell　⑨ 駐車する　park

😺 ワンポイントアドバイス

　疑問詞 + to 不定詞が、名詞句（名詞の働きをするフレーズ）になります。how to ～、what to ～ の他、when to ～、where to ～、which (…) to ～ なども使えるようにしましょう。

① She doesn't know what to do.

② My mother taught me how to bake a cake.

③ Please tell me how to be happy.

④ I didn't know what to say then.

⑤ Please tell me when to stop.

⑥ I don't know where to meet her.

⑦ Tom didn't know how to spell the word.

⑧ Please tell me which dictionary to buy.

⑨ Do they know where to park the car?

⑩ Please tell me what to cook for her birthday party.

5 形式主語 it

① これを使うのは簡単です。

② 数学を勉強することは必要ですか？

③ 良い友だちを持つことは大切です。

④ 歴史を勉強することはおもしろい。

⑤ そこで暮らすことは簡単でしょう。

⑥ 浜辺で遊ぶのはとても楽しい。

⑦ あなたにはこの問題を解くことは可能ですか？

⑧ 彼にとって英語を覚えるのはあまり難しくないでしょう。

⑨ 私にとって子供たちといることがとても大切です。

⑩ あなたにはその仕事をするのは難しかったですか？

【使用語句】④ 歴史　history　⑥ 浜辺　beach

ワンポイントアドバイス

　名詞的用法の to 不定詞は、名詞の働きをするので、主部になることもあります。しかし、それが長いものだと、バランスが悪くなるので、to 不定詞の代役として it

① It is easy to use this.

② Is it necessary to study math(s)?

③ It is important to have good friends.

④ It is interesting to study history.

⑤ It will be easy to live there.

⑥ It is a lot of fun to play on the beach.

⑦ Is it possible for you to solve this problem?

⑧ It won't be very difficult for him to learn English.

⑨ It's very important for me to be with my children.

⑩ Was it difficult for you to do the work?

を立てることがあります。
　　形式主語を用いない文→ To have good friends is very important.
　　形式主語を用いた文→ It is important to have good friends.

6　SVO＋不定詞

① 私はあなたに私を手伝ってほしいのです。

② 君は僕に夕食を作って欲しいかい？

③ 彼は息子にそこに行って欲しくなかった。

④ 私はあなたに本当のことを言って欲しいのです。

⑤ ブラウンさんは秘書にコーヒーを1杯入れてくれるよう頼んだ。

⑥ 子どもたちは父親に動物園に連れて行ってくれと頼みましたか？ ― はい、頼みました。

⑦ 私はあなたにそんなことをしてくれとは頼みませんでしたよ。

⑧ 先生は僕にもっと一生懸命勉強するように言った。

⑨ 医者は君に禁煙するように言ったのかい？
― うん、そうだよ。

⑩ 警察官はその男に動かないように言った。

【使用語句】⑤ 秘書　secretary　⑥ 動物園　zoo　⑩ 警察官　policeman

ワンポイントアドバイス

文の目的語が to 不定詞の意味上の主語になる文型。目的語の意味上の主語を動詞と to 不定詞に挟み込むのは、最初は少し難しく感じられますが、練習して慣れ

① I want you to help me.

② Do you want me to make dinner?

③ He didn't want his son to go there.

④ I want you to tell the truth.

⑤ Mr. Brown asked his secretary to make a cup of coffee.

⑥ Did the children ask their father to take them to the zoo? — Yes, they did.

⑦ I didn't ask you to do such a thing.

⑧ The teacher told me to study harder.

⑨ Did the doctor tell you to stop smoking?
　— Yes, he did.

⑩ The policeman told the man not to move.

てください。本テキストでは、want、ask、tell に絞っていますが、この用法を持つ動詞は非常に多いので、パターンをマスターしましょう。

7 SVOC

① あの歌は人を幸せにします。

② その知らせは彼らを悲しませた。

③ 彼らの間違いは彼を怒らせましたか？
　― はい、そうです。

④ あなたのご両親はあなたを何と呼びますか？

⑤ 彼は息子をエドワードと名付けた。

⑥ あなたは歯をきれいにしていますか？

⑦ 彼は友人たちにケンと呼ばれています。

⑧ これはフランス語ではなんと呼ばれますか？

⑨ ドアを開けっ放しにしないで。

⑩ 窓を開けておいてくれますか？

【使用語句】⑤ 名付ける　name　⑥ 歯　teeth　⑨ (ある状態に) 放置する　leave

ワンポイントアドバイス

　目的語（O）に補語（C）が続き、O＝C の意味構造を持つ文型です。つまり、That song makes people happy.「あの歌は人を幸せにします」の people happy の部分に People are happy という文が凝縮されている感じです。

① That song makes people happy.

② The news made them sad.

③ Did their mistake make him angry?
　— Yes, it did.

④ What do your parents call you?

⑤ He named his son Edward.

⑥ Do you keep your teeth clean?

⑦ He is called Ken by his friends.

⑧ What is this called in French?

⑨ Don't leave the door open.

⑩ Will you please leave the window open?

8 現在分詞修飾

① あの燃えている家を見なさい。

② 彼らは飢えている子供たちを救いたかったのです。

③ あそこで走っている少年たちが見えますか？

④ 犬と一緒に歩いている男性はブラウンさんですか？

⑤ バス停に立っている女性は私のおばさんです。

⑥ ビルと話している少女は誰ですか？

⑦ ここで働いている男性たちは頑丈そうです。

⑧ 教室を掃除している少年少女たちは彼の生徒たちでした。

⑨ あなたはステージで歌っている女性を知っていますか？

⑩ 私はあとでピアノを弾いている女性と話したい。

【使用語句】① 燃える　burn　② 飢える　starve　救う　help　⑤ バス停　bus stop
⑦ 頑丈な　strong　⑨ ステージ　stage

ワンポイントアドバイス

現在分詞が名詞を修飾する用法。分詞が単独で名詞を修飾する時は名詞の前に(前置修飾)、他の語句を伴う時は名詞の後に置きます（後置修飾）。

① Look at that burning house.

② They wanted to help the starving children.

③ Can you see the boys running over there?

④ Is the man walking with a dog Mr. Brown?

⑤ The woman standing at the bus stop is my aunt.

⑥ Who is the girl talking to Bill?

⑦ The men working here look strong.

⑧ The boys and girls cleaning the classroom were his students.

⑨ Do you know the woman singing on the stage?

⑩ I want to talk to the woman playing the piano later.

前置修飾　燃えている家
　　　　　→ a burning house
後置修飾　あそこで燃えている家
　　　　　→ house burning over there

ムダに頑又…

Part 3　149

9 過去分詞修飾

DISK 2 TRACK 19

① 割れた窓が見えますか？

② 僕の弟は使用済みの切手を集めている。

③ これは父に撮られた写真です。

④ あれは有名な画家に描かれた絵ですか？

⑤ 私たちはそのシェフに料理されたディナーを楽しんだ。

⑥ 100年前に書かれたその物語がまだ多くの人に読まれている。

⑦ これは世界中で使われている機械です。

⑧ あなたは中国製のおもちゃを持っていますか？

⑨ これはとても良い大工さんに建てられた家です。

⑩ 落ち葉におおわれた庭をごらんなさい。

【使用語句】③ 写真を撮る　take a picture　⑤ シェフ　chef　⑨ 大工　carpenter
⑩ おおう　cover

ワンポイントアドバイス

　名詞の修飾、前置修飾、後置修飾のルールは現在分詞と同じです。分詞修飾でbe動詞を入れてしまう間違いに注意しましょう。

① Can you see the broken window?

② My brother collects used stamps.

③ This is a picture taken by my father.

④ Is that a picture painted by a famous painter?

⑤ We enjoyed the dinner cooked by the chef.

⑥ The story written one hundred years ago is still read by many people.

⑦ This is a machine used all over the world.

⑧ Do you have toys made in China?

⑨ This is a house built by a very good carpenter.

⑩ Look at the garden covered with leaves.

忍法!!
落ち葉隠れの術

これは父に撮られた写真です。
　→誤　This is a picture was taken by my father.
　　正　This is a picture taken by my father.

10 関係代名詞・主格（人）

① 私には5か国語を話す友人がいます。

② エミリーはこの詩を書いた少女です。

③ あなたはジョンに話しかけた男性を知っていますか？

④ 読書が大好きなその少年は作家になった。

⑤ 川で泳いでいる少年たちは僕の友だちです。

⑥ 車にはねられた少年は病院に連れて行かれましたか？

⑦ その学校で学んでいる生徒たちはとても真面目でした。

⑧ その光景を見た人たちは何と言いましたか？

⑨ アメリカで3年暮らしたその少女はとても英語が上手だ。

⑩ 朝からずっと働いているその男性はとても疲れているようだ。

【使用語句】③ 話しかける　speak to　⑦ 真面目な　diligent　⑧ 光景　scene

ワンポイントアドバイス

関係代名詞節が文頭などに来るときでも、安定して英文を作れるようにしましょう。機械的に文の最後に置かないように注意。

① I have a friend who [that] speaks five languages.

② Emily is the girl who [that] wrote this poem.

③ Do you know the man who [that] spoke to John?

④ The boy who [that] liked reading a lot became a writer.

⑤ The boys who [that] are swimming in the river are my friends.

⑥ Was the boy who [that] was hit by a car taken to the hospital?

⑦ The students who [that] studied at the school were very diligent.

⑧ What did the people who [that] saw the scene say?

⑨ The girl who [that] lived in America for three years is very good at English.

⑩ The man who [that] has been working since this morning looks very tired.

川で泳いでいる少年たちは僕の友達です。
→誤　The boys are my friends who are swimming in the river.
　正　The boys who are swimming in the river are my friends.

Part 3

11 関係代名詞・主格（人以外）

DISK 2 TRACK 21

① 彼女は耳の長い犬を飼っている。

② ペンギンは飛べない鳥です。

③ これはエミリーに作られたケーキですか？

④ 丘の上に立っている家は彼のですか？

⑤ これは7時に出発する列車です。

⑥ オウムは話すことのできる鳥です。

⑦ あれがあの島へ行く船ですか？

⑧ これらは50年前にはこの国では見られなかった花です。

⑨ この町には遅くまで開いているレストランが一軒もない。

⑩ これは長い間歌われてきた歌です。

【使用語句】②ペンギン penguin ④丘 hill ⑥オウム parrot ⑦島 island ⑨遅く late

ワンポイントアドバイス

人を受ける時は、関係代名詞・主格は who ですが、人以外の物を受けるときは、which を使います。who、which 両方の代りに使えるのは that です。

① She has a dog which [that] has long ears.

② Penguins are birds which [that] cannot fly.

③ Is this the cake which [that] was made by Emily?

④ Is the house which [that] stands on the hill his?

⑤ This is the train which [that] leaves at seven.

⑥ A parrot is a bird that [which] can speak.

⑦ Is that the boat that [which] goes to that island?

⑧ These are flowers that [which] weren't seen in this country fifty years ago.

⑨ There aren't any restaurants that [which] are open late in this town.

⑩ This is a song that [which] has been sung for a long time.

12 関係代名詞・目的格（人）

① 彼は私が一番好きな歌手です。

② あれは我々が昨日会った男性ですか？

③ 彼女が愛していた男性は今外国で暮らしています。

④ 彼が手助けしたその老人はとても疲れていた。

⑤ ジョンが結婚したがっている女性はアメリカ人なのですか？

⑥ 僕の兄が尊敬している作家は今新しい本を書いている。

⑦ ナンシーが英語を教えている大学生は、一度も海外に行ったことがない。

⑧ ここにあなたが知っている人が誰かいますか？

⑨ 彼が招待した人たちはこの町に長く住んでいます。

⑩ あなた方が尊敬していたその老人はいつ亡くなったのですか？

【使用語句】⑥ 尊敬する　respect　⑦ 海外へ　abroad　⑨ 招待する　invite　⑩ 死ぬ　die

😺 ワンポイントアドバイス

　関係代名詞目的格で犯しやすい間違いは、関係代名詞節内で余分な目的語を置いてしまうことです。「彼は私が一番好きな歌手です」→ He is the singer whom I

① He is the singer (whom / that) I like (the) best.

② Is that the man (whom / that) we met yesterday?

③ The man (whom / that) she loved lives abroad now.

④ The old man (that / whom) he helped was very tired.

⑤ Is the woman (that / whom) John wants to marry American?

⑥ The writer (that / whom) my brother respects is writing a new book now.

⑦ The college student (whom / that) Nancy teaches English has never been abroad.

⑧ Is there anyone (whom / that) you know here?

⑨ The people (whom / that) he invited have lived in this town for a long time.

⑩ When did the old man (whom / that) you respected die?

ヒ〜
まっとくれ〜

like him (the) best. のような例です。like の目的語は、先行詞 the singer を受け、そのそばにひっぱりあげられている whom です。正しくは He is the singer whom I like (the) best ですね。

Part 3

13 関係代名詞・目的格（人以外）

① これはあなたが先週買った車ですか？

② 彼らが来月買う予定の家はとても大きい。

③ 彼女が料理した夕食はおいしかった。

④ この店には彼女が買いたいCDがない。

⑤ 僕のお祖父さんが育てているバラ（複）はとても美しい。

⑥ クリスマスに、彼らは母親が料理した七面鳥を食べる。

⑦ 君が釣った魚がすべてのうちで一番大きかったのかい？

⑧ これは私が4歳の頃から弾いているピアノです。

⑨ これが、君がそこで撮った写真かい？

⑩ トムとボブが先週訪ねた村は地図に載っていない。

【使用語句】⑥ 七面鳥　turkey　⑩ 地図に載っている　be on the map

ワンポイントアドバイス

　構造ルールは全く同じですが、人以外が先行詞になる時は、whom の代りに、which を使います。主格の時と同じく、ここでも、なんでも屋の that を使うことができます。また、目的格の関係代名詞は、省略することもできます。

① Is this the car (which / that) you bought last week?

② The house (which / that) they are going to buy next month is very big.

③ The dinner (which / that) she cooked was delicious.

④ They don't have the CD (that / which) she wants to buy at this store.

⑤ The roses (that / which) my grandfather is growing are very beautiful.

⑥ On Christmas day they eat the turkey (that / which) their mother cooks.

⑦ Was the fish (which / that) you caught the biggest of all?

⑧ This is the piano (which / that) I have been playing since I was four.

⑨ Is this the picture (which / that) you took there?

⑩ The village (which / that) Tom and Bob visited last week isn't on the map.

14 関係代名詞・所有格 / 前置詞を伴う関係代名詞

DISK 2 TRACK 24

① 私は父親が有名な作家である女性を知っています。

② お父さんが科学者であるその少年は頭がいいですか？

③ 夢が通訳になることであるその少女は、英語を一生懸命勉強している。

④ あれは（彼の）父親に昨日あなたが会った少年です。

⑤ パスポートを盗まれたその旅行者はどうしたらいいかわからなかった。

⑥ 名前が国中で知られているその政治家が、来月この町で演説をする。

⑦ 頂上が雪に覆われている山をごらん。

⑧ 彼らは僕が一緒に働いている人たちです。

⑨ 彼女が恋に落ちた男性はとてもお金持だった。

⑩ あれは君がさがしている本じゃないの？

【使用語句】② 科学者 scientist ③ 通訳 interpreter ⑤ パスポート passport 盗む steal
⑥ 政治家 politician 演説をする make a speech ⑦ 頂上 top
⑨ ～に恋に落ちる fall in love with

ワンポイントアドバイス

関係代名詞・所有格では、関係代名詞の後に、さらに人称代名詞の所有格を重ねてしまわないように注意。

お父さん、NASAで
働いてるんだって？

① I know a woman whose father is a famous writer.

② Is the boy whose father is a scientist smart?

③ The girl whose dream is to be an interpreter is studying English hard.

④ That is the boy whose father you met yesterday.

⑤ The traveler whose passport was stolen didn't know what to do.

⑥ A politician whose name is known all over the country is going to make a speech in this town next month.

⑦ Look at the mountain whose top is covered with snow.

⑧ They are the people (whom / that) I work with. / They are the people with whom I work.

⑨ The man (whom / that) she fell in love with was very rich.

⑩ Isn't that the book (which / that) you are looking for?

　　私は父親が有名な作家である女性を知っています。
　　　→誤　I know a woman whose her father is a famous writer.
　　　　正　I know a woman whose father is a famous writer.
また、「私はその人たちと一緒に働く」I work with the people. の前置詞 with は「私が一緒に働く人たち」でも、the people (whom / that) I work with と当然残ります。構造上必要な前置詞を落とさないように気をつけましょう。

Part 3

15 先行詞を含む関係代名詞 what

① 僕は君の言うことを信じるよ。

② 僕がしたことは間違っていたのかい？

③ 僕たちがそこで見たことを君たちは信じないだろう。

④ それは彼女が望んでいることではない。

⑤ 彼女は僕の言っていることを聞いていなかった。

⑥ あなたが毎日していることは簡単ではない。

⑦ あなたは、その先生が言ったことを覚えていますか？

⑧ それが、あなたがご主人にしてほしいことなのですか？

⑨ あなたが大学で勉強したことは役に立ちましたか？

⑩ 彼はそういうふうに言ったのですか（それは彼が言ったことですか）？

【使用語句】② 間違っている　wrong　⑨ 役に立つ　useful

ワンポイントアドバイス

　whatは先行詞を含んだ関係代名詞です。慣れるのにちょっと苦労しますが、英語のネイティブ・スピーカーたちは、日常会話の中で関係代名詞whatを含んだフレーズを使用することが非常に多いので、是非マスターしてください。

① I believe what you say.

② Was what I did wrong?

③ You won't believe what we saw there.

④ It is not what she wants.

⑤ She wasn't listening to what I was saying.

⑥ What you do every day isn't easy.

⑦ Do you remember what the teacher said?

⑧ Is it what you want your husband to do?

⑨ Was what you studied at college useful?

⑩ Is that what he said?

16 too ～ to / enough ～ to…

① このスープは熱すぎて飲めない。

② おまえは一人暮らしをするにはまだ若すぎる。

③ 彼は内気すぎてナンシーに話しかけられなかった。

④ その木は高すぎて、その少年には登れなかった。

⑤ 彼の名前は長すぎて私には覚えられなかった。

⑥ 彼女は一人暮らしをしてもよい年齢です。

⑦ 彼はご親切に私を家まで車で送ってくれた。

⑧ ジャックはこの問題を解く頭があるかい(十分に頭が良いかい)?

⑨ 私はこの仕事をする若さがありました(十分に若かった)。

⑩ あの人はこんなに高いホテルに泊まれるほどお金持なのですか?

【使用語句】① スープを飲む　eat soup

ワンポイントアドバイス

　too ～ to の文は「～すぎて…できない」と訳すことが多いので、否定形にとらわれ、破綻した英文を作ったり、so ～ that…形との混同が起こりやすいので注意します。

① This soup is too hot to eat.

② You are too young to live alone.

③ He was too shy to speak to Nancy.

④ The tree was too high for the boy to climb.

⑤ His name was too long for me to remember.

⑥ She is old enough to live alone.

⑦ He was kind enough to drive me home.

⑧ Is Jack smart enough to solve this problem?

⑨ I was young enough to do this work.

⑩ Is that man rich enough to stay at such an expensive hotel?

のぼれるけど おりれな〜い

このスープは熱すぎて飲めない
- →誤　This soup is too hot cannot eat. This soup is too hot that I cannot eat it.
- 　正　This soup is too hot to eat.

enough to…では、enough を形容詞、副詞の前に置く間違いが起こりやすいです。

彼女は一人暮らしをしてもよい年齢です。
- →誤　She is enough old to live alone.
- 　正　She is old enough to live alone.

17 so ～ that

① 彼女はとても疲れていたので早く寝た。

② とても寒かったので、彼らは外出しなかった。

③ その村はとても美しいので多くの人が毎年訪れる。

④ 僕はきょう忙しいのであなたを手伝うことはできない。

⑤ その老人はとても驚いたので何も言えなかった。

⑥ そのケーキはとてもおいしかったのでボブは全部食べた。

⑦ その少女はとても内気なので知らない人と話せない。

⑧ その本はとても難しかったので、彼は読むのをやめた。

⑨ そのレストランの食事（食べ物）はとても美味しかった（良かった）ので、僕はまた（そこへ）行きたい。

⑩ その若者はとても一生懸命働いたので、ビジネスで成功した。

【使用語句】⑩ ビジネスで成功する　succeed in business

ワンポイントアドバイス

「とても～なので…」という内容を言い表す形です。too ～ to…と混同しないようにしましょう。

① She was so tired that she went to bed early.

② It was so cold that they didn't go out.

③ The village is so beautiful that many people visit it every year.

④ I'm so busy today that I can't help you.

⑤ The old man was so surprised that he could not say anything.

⑥ The cake was so delicious that Bob ate all of it.

⑦ The girl is so shy that she can't talk to strangers.

⑧ The book was so difficult that he stopped reading it.

⑨ The food at the restaurant was so good that I want to go there again.

⑩ The young man worked so hard that he succeeded in business.

僕はきょう忙しいので、あなたを手伝うことはできない。
→誤　I am too busy that I cannot help you.
　正　I am so busy that I cannot help you.

18 原形不定詞・知覚

① 私は1人の少年が通りを横切るのを見ました。

② あなたは電話が鳴るのを聞きましたか？

③ 彼女が走るのを見なさい。

④ 私たちはその木が倒れるのを見ませんでした。

⑤ 僕はよく彼がそういうのを聞くよ。

⑥ 子どもたちはその老人が物語を話すのを聴いた。

⑦ 君は今までに彼が笑うのを見たことがあるかい？

⑧ 彼女は息子が彼女を呼ぶのを聞いた。

⑨ 彼は何かが自分の手に触れるのを感じた。

⑩ 彼の妻は彼が部屋に入ってくるのに気付かなかった。

【使用語句】① 横切る　cross　②（電話が）鳴る　ring　④ 倒れる　fall

ワンポイントアドバイス

　この形を取れる動詞は少ないので、練習してマスターしましょう。まずは、知覚動詞。～が…するのを見る、聞く、感じる、気付く等、を表現します。SVO ～ to

① I saw a boy cross the street.

② Did you hear the phone ring?

③ Look at her run.

④ We didn't see the tree fall.

⑤ I often hear him say so.

⑥ The children listened to the old man tell a story.

⑦ Have you ever seen him laugh?

⑧ She heard her son call her.

⑨ He felt something touch his hand.

⑩ His wife didn't notice him come into the room.

不定詞との混同に気を付けましょう。
　　あなたは電話が鳴るのを聞きましたか？
　　　→誤　Did you hear the phone to ring?
　　　　正　Did you hear the phone ring?

19 原形不定詞・使役

① 先生はその生徒に教室を掃除させた。

② 彼女は夫にコーヒーを1杯入れてもらった。

③ 君のお兄さんに会わせてくれるかい？

④ なぜあなたは彼らを立ち去らせたのですか？

⑤ 君にもう一度やらせて（試させて）あげよう。

⑥ 彼は娘にかばんを持ってきてもらった。

⑦ 僕にピアノを弾かせてよ。

⑧ 誰が彼女を泣かしたんだ？

⑨ 兄は僕に彼の車を運転させてくれないでしょう。

⑩ その男は彼らに何をさせたのですか？

【使用語句】⑤ やってみる、試す　try

ワンポイントアドバイス

　～に…させるという時の表現。ここで練習するのは、make、have、let。日本語ではすべて「～させる」と訳せますが、make は有無を言わせぬ強制感が漂います。

① The teacher made the student clean the classroom.

② She had her husband make a cup of coffee.

③ Will you please let me meet your brother?

④ Why did you make them leave?

⑤ I'll let you try again.

⑥ He had his daughter bring the bag.

⑦ Let me play the piano.

⑧ Who made her cry?

⑨ My brother won't let me drive his car.

⑩ What did the man make them do?

人に対して使う場合は、have を使うと柔らかくなります。let は、したいことをさせる、あるいは自然に任せるというニュアンスです。

20 関係副詞・where

① これはその歌手が泊まったホテルです。

② 昨夜私たちが夕食を食べたレストランはとても有名です。

③ あなたが行きたい所は遠いですか？

④ あれが僕の父が法律を学んだ大学です。

⑤ ピーターが英語を教えている学校はこの近くだよ。

⑥ この本を売っている書店を知っていますか？

⑦ 美味しいコーヒーを飲めるところに行こうよ。

⑧ これがその作家がその有名な小説を書いた部屋です。

⑨ フランスは僕の妹がずっと行きたがっている国です。

⑩ 私たちは多くの野生動物がいる森に行った。

【使用語句】④ 法律　law　⑩ 野生動物　wild animal

ワンポイントアドバイス

　関係副詞と関係代名詞の区別は中級に入るための、必須事項です。場所を表す名詞に対して自動的に関係副詞を使わないように。たとえば、visit は他動詞なので、

① This is the hotel where the singer stayed.

② The restaurant where we had dinner last night is very famous.

③ Is the place where you want to go far away?

④ That is the university where my father studied law.

⑤ The school where Peter teaches English is near here.

⑥ Do you know a bookstore where they sell this book?

⑦ Let's go to a place where we can have good coffee.

⑧ This is the room where the writer wrote the famous novel.

⑨ France is the country where my sister has always wanted to go.

⑩ We went to a forest where there were many wild animals.

遠くへ行きたい…

あやまれば
許してくれるよ

「彼らが訪れた村は地図に載ってなかった。」The village where they visited wasn't on the map. は正しくありません。関係代名詞を使って、The village (which / that) they visited wasn't on the map. とします。

Part 3

21 関係副詞・when

① 私は彼と初めて会った日を覚えている。

② 僕らが釣りに行った日は日曜でした。

③ 8月はその町に多くの観光旅行者がやってくる月です。

④ 1997年は僕たちが結婚した年です。

⑤ 私は彼が私にプロポーズした夜を決して忘れないでしょう。

⑥ 月曜は多くの人が憂鬱な気分になる日です。

⑦ 春はこの国で雨がたくさん降る季節です。

⑧ その事故が起きた年を覚えていますか？

⑨ 水曜は彼があなたに会える唯一の日です。

⑩ 私の息子が生れた日は晴れていた。

【使用語句】③ 観光旅行者　tourist　⑤ ～にプロポーズする　propose to ～
⑥ 憂鬱な気分になる　feel depressed

ワンポイントアドバイス

　時に関する名詞に対して用いる関係副詞は、when です。ただし、「日曜日は私の一番好きな日です」を Sunday is the day when I like best. とするのは間違

① I remember the day when I met him for the first time.

② The day when we went fishing was Sunday.

③ August is the month when a lot of tourists come to the town.

④ 1997 is the year when we got married.

⑤ I will never forget the night when he proposed to me.

⑥ Monday is the day when many people feel depressed.

⑦ Spring is the season when it rains a lot in this country.

⑧ Do you remember the year when the accident happened?

⑨ Wednesday is the only day when he can meet you.

⑩ It was sunny on the day when my son was born.

いです。like は直接目的語を取りますから、the day (which / that) I like とするべきです。「日曜日は彼が教会に行く日です」では、Sunday is the day when he goes to church. と when を使えます。「彼はその日に教会に行く = He goes to church on the day.」を関係代名詞のフレーズにすると「彼が教会に行く日 = the day on which he goes to church です。この on which を when に変えることができます。関係副詞は、このように前置詞＋関係代名詞を内包した語です。

Part 3

Extra Part

1 仮定法過去

① もし彼女の電話番号を知っていれば、彼女に電話するのになあ。

② もしあの車がもう少し安ければ、買えるのだが。

③ もし英語が話せれば、世界旅行をするのだけれど。

④ 君が奥さんにもう少し優しくすれば、彼女はもっと幸せだろうに。

⑤ 僕たちが同じ町に住んでいれば、もっと頻繁に会えるのにね。

⑥ もし背がもう少し高ければ、彼女はモデルになれるだろう。

⑦ もし私があなたなら、その申し出を受けるだろう。

⑧ もし真実を知っていれば、彼らはどうするでしょうか？

⑨ 空が飛べたらなあ。

⑩ 彼女が僕の恋人ならばなあ。

【使用語句】⑥ モデル　model　⑦ 申し出　offer　受ける　accept　⑩（女性の）恋人　girlfriend

ワンポイントアドバイス

現在の事実に反することを言う時の公式は、If S 動詞（助動詞）の過去形、S 助動詞の過去形です。⑩のパターンで犯しやすい間違いは、I wish she would be

① If I knew her phone number, I would call her.

② If that car were [was] a little cheaper, I could buy it.

③ If I could speak English, I would travel around the world.

④ If you were a little nicer to your wife, she would be happier.

⑤ If we lived in the same town, we could meet more often.

⑥ If she were [was] a little taller, she could be a model.

⑦ If I were you, I would accept the offer.

⑧ What would they do if they knew the truth?

⑨ I wish I could fly.

⑩ I wish she were [was] my girlfriend.

my girlfriend. と、助動詞の過去を使ってしまいます。I wish ～の後には、If 節 + 主節のパターンの、主節ではなく、if 節と同じ形になります。助動詞が常に定型的に使われるわけではありません。

2 仮定法過去完了

① もっと一生懸命勉強していれば、あなたはその試験に受かっただろうに。

② 僕は、もっと時間があれば、もっと長くそこにいられたのだけれど。

③ 彼女があなたの住所を知っていれば、彼女はあなたに手紙を書いたでしょう。

④ 彼は、あなたの忠告に従っていれば、失敗しなかったでしょうに。

⑤ もしそのパーティーに行っていなかったら、僕たちは知り合わなかっただろう。

⑥ もしあの時私が嘘をつかなかったら、父は怒らなかっただろう。

⑦ 地図を持って来ていたら、僕たちは、道に迷わなかっただろうに。

⑧ 昨日晴れていたら、富士山が見られたのになあ。

⑨ お金持ちの家に生まれていたらなあ。

⑩ あんなことを言わなければなあ。

【使用語句】③住所 address ④従う follow 忠告 advice ⑥嘘をつく tell a lie
⑨〜に生まれる be born into 〜

😼 ワンポイントアドバイス

過去の事実に反することを言う時の公式は、If S had 過去分詞、S 助動詞過去形 have 過去分詞 です。⑨⑩で、それぞれ I wish I would have been born 〜 . I

① If you had studied harder, you would have passed the exam.

② If I had had more time, I could have stayed there longer.

③ If she had known your address, she would have written to you.

④ If he had followed your advice, he wouldn't have failed.

⑤ If we hadn't gone to the party, we wouldn't have gotten to know each other.

⑥ If I hadn't told a lie, my father wouldn't have gotten angry.

⑦ If we had brought a map, we wouldn't have gotten lost.

⑧ If it had been sunny yesterday, we could have seen Mt. Fuji.

⑨ I wish I had been born into a rich family.

⑩ I wish I hadn't said such a thing.

wish I wouldn't have said 〜 . と間違わないように。
I wish 〜 では、If 節＋主節のパターンの、主節ではなく、
if 節と同じ形になるのでしたよね。

仮定法

　本書では、仮定法の練習も加わりました。仮定法は、高校文法の代表的項目で、難しいと感じる人も多いものです。しかし、ifを使った条件法が、よく理解でき、中学英語の範囲内での瞬間英作文回路がだいぶできあがって来ていれば、習得するのはそれほど困難ではありません。また、高校文法で学ぶものの中には、会話ではあまり使われることのない構文も多いのですが、「もし〜だったら…なのになあ」とか「〜だったらいいのになあ」という仮定法の表現は、会話でも非常に使うことが多いので、早く使いこなせるようにしたいものです。

　仮定法にはさまざまなパターン、バリエーションがありますが、本書では、ifを使った基本形と、I wish 〜の表現を、仮定法過去と仮定法過去完了で練習します。

仮定法過去

　仮定法過去は、現在のことについて、事実に反していたり、ありえないことを言う時に使います。

　「明日晴れたら、僕は釣りに行く。」を英語で言うと、
　　If it is sunny tomorrow, I will go fishing.
ですが、これは中学英語で習いましたね。
　明日天気が良いか悪いかは、明日にならなければわからないことです。「これこれの条件が満たされればと」ということなので、**条件法**と呼びます。

　しかし、実際には、ざあざあ雨が降っている時に、「もし、今晴れていれば釣りに行くのになあ」と言えば、現在の事実に反しているわけです。

　この場合、条件法で、If it is sunny now, I will go fishing. とは言えないのです。

　正しくは、
　　If it were [was] sunny now, I would go fishing.
となります。

　つまり、if 節では、動詞（あるいは助動詞）が過去形に、主節では、助動詞が過去形になるのです。また、be 動詞は、人称によらず were にするのが基本ですが、口語では、人称によって was も用いるのが普通です。
　公式にすると、**If S 動詞（助動詞）の過去形、S 助動詞の過去

形です。

　if 節と主節の主語（S）は異なることもあります。

　別の例で練習してみましょう。

　「十分なお金が無いので、その車を買えない」という現在の事実を英語にすると、

　As I don't have enough money, I can't buy the car.
ですが、

　「お金が十分にあれば、その車を買えるのに」という事実に反することを言う場合はどうなるでしょうか？

　公式　If S 動詞（助動詞）の過去形、S 助動詞の過去形　を当てはめて、

　　If I had enough money, I could buy the car.
ですね。

　慣れてきたところで、もう一つ。

　今度は if 節で、助動詞 could を使うタイプです。

　「もし英語が話せたら、アメリカで働くだろうに」を仮定法で言ってみましょう。そう、

　　If I could speak English, I would work in America.
ですね。

　次に、「〜ならなあ」と願望を嘆息交じりに表現する表現です。

　この時は if 節を使わず、I wish という表現を用い、その後に SV を置きます。

　この時動詞 V（あるいは助動詞）は過去形になります。

　公式にすると、**I wish S 動詞（助動詞）の過去形**　です。

「〜ならば…なのに」ではなく、「〜ならば」のif節の内容だけを言う形です。

「晴れていたらなあ」は
 I wish it **were** [**was**] sunny.
「お金が十分にあればなあ」は
 I wish I **had** enough money.
「英語が話せればなあ」は、
 I wish I **could** speak English.
となりますね。

仮定法過去完了

さて、今度は、過去の事実に反することを言う表現です。
「昨日晴れていたら、釣りに行ったのになあ」を英語で表現してみましょう。

昨日のことだからと言って、If it was sunny yesterday とは言えません。
現在の事実に反することを言い表す仮定法過去で、過去形は既に使いましたね。つまり、過去形を使うと、現在のことについて言うことになってしまいます。
過去の事実に反することを言う時には、if では、仮定法過去より、さらに過去に時をずらし、主節では、助動詞の過去形の後に、have＋過去分詞を用います。

公式は **If S had 過去分詞、S 助動詞過去形　have 過去分詞**
です。

「昨日晴れていたら、釣りに行ったのになあ」は
　　If it had been sunny yesterday, **I would have gone** fishing.
となります。

同様に、「あの時十分なお金があれば、その車が買えたのになあ」は
　　If I had had enough money, **I could have bought** the car.
です。

I wish 〜 で、過去のことについて、「〜であったならなあ」という時も、I wish 以下の節で過去完了を用います。

　　公式は　**I wish S had 過去分詞**　です。

「昨日晴れていたらなあ」は
　　I wish it had been sunny yesterday.
「あの時十分なお金があればなあ」は
　　I wish I had had enough money then.
となるわけですね。

著者略歴

森沢洋介(もりさわようすけ)

1958年神戸生まれ。9歳から30歳まで横浜に暮らす。
青山学院大学フランス文学科中退。
大学入学後、独自のメソッドで、日本を出ることなく英語を覚える。
予備校講師などを経て、1989〜1992年アイルランドのダブリンで旅行業に従事。TOEICスコアは985点。
現在千葉浦安で学習法指導を主眼とする、六ツ野英語教室を主宰。
ホームページアドレス　http://mutuno.sakura.ne.jp/

［著書］　英語上達完全マップ
CD BOOK どんどん話すための瞬間英作文トレーニング
CD BOOK スラスラ話すための瞬間英作文シャッフルトレーニング
CD BOOK バンバン話す文のための瞬間英作文「基本動詞」トレーニング
「音声DL付」英語構文を使いこなす瞬間英作文トレーニング マスタークラス
CD BOOK ポンポン話すための瞬間英作文パターン・プラクティス
CD BOOK みるみる英語力がアップする音読パッケージトレーニング（以上ベレ出版）

◎**CDの内容** ◎ DISC1　68分17秒　　DISC2　64分31秒
　　　　　　　 ◎ ナレーション　Howard Colefield・久末絹代
　　　　　　　 ◎ DISC1とDISC2はビニールケースの中に重なって入っています。

CD BOOK おかわり！どんどん話(はな)すための瞬間英作文(しゅんかんえいさくぶん)トレーニング

2010年 4 月25日	初版発行
2025年 4 月 6 日	第17刷発行
著者	森沢洋介(もりさわようすけ)
カバーデザイン	OAK 小野光一
イラスト・図表	森沢弥生

© Yosuke Morisawa 2010. Printed in Japan

発行者	内田真介
発行・発売	ベレ出版 〒 162-0832　東京都新宿区岩戸町12レベッカビル TEL　03-5225-4790 FAX　03-5225-4795 ホームページ http://www.beret.co.jp/ 振替 00180-7-104058
印刷	三松堂株式会社
製本	根本製本株式会社

落丁本・乱丁本は小社編集部あてにお送りください。送料小社負担にてお取り替えします。
本書の無断複写は著作権法上での例外を除き禁じられています。購入者以外の第三者による本書のいかなる電子複製も一切認められておりません。

ISBN978-4-86064-256-3 C2082　　　　　　編集担当　綿引ゆか

どんどん話すための
瞬間英作文トレーニング

森沢洋介 著

四六並製／定価 1890 円（5％ 税込） 本体 1800 円
ISBN978-4-86064-134-4 C2082　■ 208 頁

「瞬間英作文」とは、中学で習うレベルの文型で簡単な英文をスピーディーに、大量に声に出して作るというものです。文型ごとに中1・中2・中3のレベルに分けて、付属のCDと一緒にトレーニングしていきます。簡単な英文さえ反射的には口から出てこない、相手の話す英語はだいたいわかるのに自分が話すほうはからきしダメ、という行き詰まりを打破するのに効果的なトレーニング法です。

スラスラ話すための瞬間
英作文シャッフルトレーニング

森沢洋介 著

四六並製／定価 1890 円（5％ 税込） 本体 1800 円
ISBN978-4-86064-157-3 C2082　■ 248 頁

前作『どんどん話すための瞬間英作文トレーニング』では、文型ごとに中学1・2・3のレベルに分けた例文を瞬間的に英作文して基礎力をつけました。本書では応用力をつけ反射神経を磨いていきます。前半では文型がシャッフルされた例文を、後半では文型が様々に組み合わさったちょっと長めの例文でトレーニングします。スラスラ話せるようになる英作文回路がしっかり作れるトレーニング法です。

ポンポン話すための瞬間英作文
パターン・プラクティス

森沢洋介 著

四六並製／定価 1890 円（5％ 税込） 本体 1800 円
ISBN978-4-86064-193-1 C2082　■ 184 頁

本書は、『どんどん話すための瞬間英作文トレーニング』『スラスラ話すための瞬間英作文シャッフルトレーニング』既刊のこの2冊のように1文1文を英作文していく方法では日本語にひっぱられてしまって成果をあげづらいという方のために考えた、肯定文を疑問文にしたり、主語や動詞など部分的に単語を入れ換えてそれに瞬間的に反応して英作文していくという新しいトレーニング本です。

バンバン話すための瞬間英作文「基本動詞」トレーニング

森沢洋介 著

四六並製／本体価格 1800 円（税別）　■ 288 頁
ISBN978-4-86064-565-6 C2082

瞬間英作文の最終段階、第 3 ステージのトレーニング本です。森沢式では、中学レベルの構文ごとにトレーニングを行なうのが第 1 ステージ、それらの構文をシャッフルした第 2 ステージ、そして中学文型の枠をはずしてあらゆる文型と表現の習得をしていくのが第 3 ステージとなっています。get、have、come などの基本動詞を会話で自在に使えるようになると、表現の幅が広がり自然でなめらかな英語が話せるようになります。

みるみる英語力がアップする音読パッケージトレーニング

森沢洋介 著

四六並製／定価 1785 円（5% 税込）　本体 1700 円
ISBN978-4-86064-246-4 C2082　■ 176 頁

外国語の力をつけるためには、構造と意味が理解できる文を自分の音声器官である耳と口を使ってトレーニングすることが必須です。本書では、この 1 冊のテキストで、音読、リスニング、リピーティング、シャドーイングをすべてパッケージしてトレーニングを行います。これを「音読パッケージ」と称しています。中学レベルの英文で、語彙も制限し、初級から初中級の学習者に最適のテキストとなっています。英文をトレーニングに合わせたパターンで収録した CD 付きです。

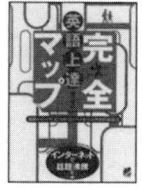

英語上達完全マップ

森沢洋介 著

四六並製／定価 1470 円（5% 税込）　本体 1400 円
ISBN978-4-86064-102-3 C2082　■ 296 頁

日本人が一定の年齢に達してから英語を身につけようとする場合の効果的な勉強法には、いくつかの本質的な共通点があります。それらをふまえ、英語力をバランス良く伸ばすためのトレーニングメニューと進行の仕方を、実例をあげながら具体的に説明し、途中で挫折しないための心理的・技術的対処法や、上達を客観的にはかる方法を詳しく紹介します。

六ツ野英語教室

本書の著者が主宰する学習法指導を主体にする教室です。

🐱 電話
0475-77-7123

🐱 ホームページアドレス
http://mutuno.sakura.ne.jp

🐱 コース案内

レギュラークラス…週一回の授業をベースに長期的な学習プランで着実に実力をつけます。

トレーニング法セミナー…本書で紹介した「瞬間英作文トレーニング」の他、「音読パッケージ」、「ボキャビル」などトレーニング法のセミナーを定期開催します。

＊（レギュラークラス）（トレーニング法セミナー）ともにオンライン受講可能です。